别活得太累，学会给自己安慰

胡 珂 编著

北京工业大学出版社

图书在版编目（CIP）数据

别活得太累，学会给自己安慰 / 胡珂编著．—北京：北京工业大学出版社，2017.1

ISBN 978-7-5639-5017-1

Ⅰ．①别… Ⅱ．①胡… Ⅲ．①人生哲学—通俗读物 Ⅳ．① B821-49

中国版本图书馆 CIP 数据核字（2016）第 279215 号

别活得太累，学会给自己安慰

编　　著：胡　珂
责任编辑：王　喆
封面设计：尚世视觉
出版发行：北京工业大学出版社
（北京市朝阳区平乐园 100 号　邮编：100124）
010-67391722（传真）　bgdcbs@sina.com
出 版 人：郝　勇
经销单位：全国各地新华书店
承印单位：北京建泰印刷有限公司
开　　本：787 毫米 × 1092 毫米　1/16
印　　张：17.25
字　　数：210 千字
版　　次：2017 年 1 月第 1 版
印　　次：2017 年 1 月第 1 次印刷
标准书号：ISBN 978-7-5639-5017-1
定　　价：30.00 元

前言 Preface

每个人的生活不可能总是轻松和一帆风顺的，在工作、感情、社交中都少不了压力和不如意。当烦恼不快时，向现实妥协，放弃自己的理想和追求，自暴自弃，怨天尤人，都只会扩大痛苦和不幸。面对生活中的困难和坎坷，我们需要培养一种自我安慰的能力，才能做到心情的平静和从容，见证信仰的坚守。

世上没有过不去的坎儿，只有放不下的人。我们不能改变环境，却能改变心境；我们不能宽慰他人，却能安慰自己。学会安慰自己，放开紧缩的眉头，让自己乐观豁达，心情自然就会明媚灿烂。

在所有让你痛哭流涕的遭遇面前，放宽心态，多一份从容淡然，不因痛苦的悔恨而失去现在的心情，不为莫名的忧虑而惶惶不可终日。对于那些耿耿于怀的事情想开、释怀，对于那些可望而不可即的幻想看淡、放下，你就会迎来一个更加美好的明天。

美好，总是实实在在地近在眼前；幸福，终因宽心而变得触手可及。放松心情，放宽心境，就会多一些幸福，少一分烦恼。

人生如此短暂，哪有时间去浪费？当我们走过生命的长河，看过人生的起落，品过人情的冷暖，我们会蓦然发现，那些所谓的灾难、困顿、不忠、悔恨、名利、失败，所有想不开的、放不下的、忘不掉的、舍不了的，不过是过眼烟云，一切都微不足道。但这些五味杂陈的人生经历，使我们的生命如静水深流，丰富而喜悦。总有一天，生命会因这些所有的苦闷经历而闪闪发光。

心宽是福，看淡是乐。学会安慰自己，越过生命的荆棘，像花一样盛开。

目录 Contents

第一章 生活美好与否，只在一念之间

别让自己的心“受寒”…… 003
看淡所谓的灾难，笑对世事折磨…… 007
阿 Q 精神：一种包容的大智慧 …… 009
断臂维纳斯，残缺的美…… 012
见怪不怪，其怪自败…… 014
面对生活的不公，化愤懑为力量…… 017
生活美好与否，只在一念间…… 019
放弃仇恨，受益的是自己…… 022

第二章 不论做任何事情，都必须竭尽全力

生活总是恶作剧…… 027
太过追求完美，终会身心疲惫…… 029
面对竞争对手，送去拥抱和微笑…… 031
不论做任何事情，都必须竭尽全力…… 034

当遇到事业坎坷时，切莫垂头丧气 …… 036
世界总是张开双手，准备接纳英才 …… 038
这个责任是不是应该由自己来扛 …… 040
相信自己属于王者，困难就会向你俯首称臣 …… 042
把跳槽当成一个飞跃的过程 …… 044

第三章 再亲密的友情，也经不起你的肆无忌惮

人与人之间的交往，应以自然为宜 …… 049
再亲密的友情，也经不起你的肆无忌惮 …… 051
相互信任，做到彼此之间毫无信任可言 …… 053
每个人都不完美，我们不能求全责备 …… 055
谁想在困难中得到援助，就应在平日待人宽厚 …… 058
事事包容，友谊的路越走越远 …… 060
错误在所难免，宽容就是神圣 …… 063
给朋友留下足够的面子 …… 065
包容，让友谊之树常青 …… 068

第四章 当爱情无法挽回的时候，该放就放

当爱情不能挽留，该放就放 …… 073
挂起理解的帆，才能到达幸福的彼岸 …… 075
背叛未必是情感的终结 …… 077
微笑着伸出手，和情敌做朋友 …… 080
解开心结，眼前的世界才会开阔 …… 081

背不动，就放下…… 083
面向阳光，才不会有阴影…… 085
这世上没有那么多风花雪月的浪漫…… 088

第五章
换一种方式思考，拥有宽阔的新天地

放下羁绊，苦亦是乐…… 093
完美本是毒，远离尽善尽美…… 095
你宽广的胸怀，决定你的人生高度…… 097
越是美好的东西越容易破碎…… 100
与其抱怨黑暗，不如点上蜡烛…… 102
星光闪耀，才可以看到万里云天…… 105
换一种方式思考，拥有宽阔的新天地…… 107
只要懂得放弃，回头并不难…… 109
学会糊涂，是智者的选择…… 111

第六章
人一简单就快乐，一复杂就痛苦

人一简单就快乐，一复杂就痛苦…… 117
做到让“绝望”对你绝望…… 119
相信自己，相信人生的光明面…… 120
学会减压，增加心理的宽度…… 122
上帝只拯救能够自救的人…… 125
不抱怨，成功就在灯火阑珊处…… 127
忘记过去，从今天开始…… 129

追悔过去，只能失掉现在…………………………………… 132
为自己喝彩，生活才能精彩起来………………………………… 135

第七章
让心灵减负，别让身体拖累了你

珍爱生命，是我们每一个人正确的选择……………………… 139
你的身体永远不会“欺骗”你………………………………… 141
卸下肩膀上的重担，让身心“归零”……………………………… 143
回归宁静，让心灵减负……………………………………………… 145
别让昨日的哀愁变成今日的忧伤…………………………………… 147
走出自己的“牛角尖”……………………………………………… 149
好心态：最好的“修复剂”………………………………………… 152
健康储蓄：建立合理的作息制度…………………………………… 154

第八章
逆境之中不放弃，机遇不再遥不可及

有一种幸运叫“后来居上”………………………………………… 159
如果没有了双臂，你还会拥抱什么………………………………… 161
关于给予，抱怨是永远于事无补的………………………………… 163
失败可以是墓碑，也可以是垫脚石………………………………… 166
没有机会，就寻找下一个出站口…………………………………… 168
懂得让路，心灵不被世俗羁绊……………………………………… 170
失败时不放弃，成功才会尾随而来………………………………… 173
面对突如其来的变故，要有东山再起的勇气……………………… 174

第九章
历经风雨磨难，才能累积生命的强度

直面困难，让生命发出耀眼光芒…………………………179
抱定必胜的信心，没有人能够打败自己…………………181
拥有一颗希望的心，就能拥抱明天的太阳………………183
再坚硬无比的船只，也有风浪的痕迹……………………185
面对残酷的命运，给它一个笑脸…………………………187
不怕从头再来，只怕自暴自弃……………………………189
在 100 次跌倒之后，选择第 101 次站起来 ……………191
历经风雨磨难，才能累积生命的强度……………………193

第十章
抛开功名利禄的羁绊，便是人生好时节

虚名浮利，不过是表面的风光……………………………199
人生如戏，富贵如梦………………………………………201
懂得知足常乐，就不会患得患失…………………………204
抛开功名利禄的羁绊，便是人生好时节…………………206
幸福是心的警觉，跟金钱无关……………………………208
不要被名利蒙了双眼………………………………………211
不急功近利，自然平安祥和………………………………213
利欲熏心，当悬崖勒马……………………………………215
你的拥有，是你最大的财富………………………………217

第十一章
控制好自己的情绪，以免画地为牢

愤怒的人，总是在丧失理智中打败自己 ………………… 223
冷处理：一种真明智，大智慧 ………………… 225
不妨“闭”上自己的耳朵 ………………… 226
阳光心态，从自卑走向自信 ………………… 229
控制自己的敏感情绪 ………………… 231
从失败的阴影中走出，让阳光照进生命 ………………… 233
不因一时失利而失去信心 ………………… 236
过于担忧，会让你画地为牢 ………………… 238
“宽恕”是最好的解药 ………………… 240

第十二章
寂寞不是懦弱的逃避，而是修炼的机会

学会承载寂寞，让生命在等待中花开 ………………… 245
寂寞深处，往往是极致的美好 ………………… 247
寂寞在左，幸福在右 ………………… 249
在寂寞里，把酒吟诗 ………………… 251
寂寞不是懦弱的逃避，而是修炼的机会 ………………… 253
在寂寞中坚守自己的信仰 ………………… 254
不懂得享受寂寞的人生，是不及格的人生 ………………… 256
静守寂寞，等待成功 ………………… 258
让“冷板凳”成为激情的温床 ………………… 261

第一章

生活美好与否，只在一念之间

别让自己的心“受寒”

人人都希望在生活中春风得意、事事顺心，可是很多时候，却受到命运的嘲笑，落得个事与愿违的结果。当我们遭遇挫折和失败的时候，世态炎凉之感也就随之而来。没有了平日里的堂上朋满座、樽中酒不空，没有了阿谀奉承的笑脸，眼里看到的是面若冰霜，耳里听见的是冷嘲热讽，这时候我们一面回忆着往日的车水马龙，一面在门可罗雀的环境中抱怨着世风日下、人心不古，哀叹着锦上添花容易、雪中送炭很难，甚至会因为难以适应巨大的变化而变得自暴自弃起来，这种做法是不可取的。歌词里唱得好：“人生本来就是一出戏，恩恩怨怨又何必太在意。”狄更斯说过：“境遇不造人，是人造境遇。”既然无法改变，那就坦然接受吧，把这世态炎凉当成一场游戏又有何不可呢？

古语云：“世上本无事，庸人自扰之。”能够以置身事外的心态去看待一切变故、挫折的时候，忧愁烦恼也会远远地离我们而去了。苦难和悲伤，往往还会在不经意间转化为人生的一种财富。

李白是我国著名的诗人，写下了许多脍炙人口的诗句。在长安时，深得唐玄宗的赏识，获得过贵妃研磨、力士脱靴的待遇。后来，由于小人的诬蔑，遭到放逐，昔日的趋炎附势之徒再无一个登门拜访。李白并没有太多的牢骚和不满，他满不在乎地说：“钟鼓馔玉不足贵，但愿长醉不复醒。”

这份豁达的心胸是无人能及的。有人称其为“诗仙”，除了写作风格之外，还应该和这位诗人的豁达有关。

人生虽短，却充满着太多的变数。“朝为田舍郎，暮登天子堂”倒也称得上人生快事，却并非人人有此机遇；“昔日为汝邻，今日为汝臣”的变故也是屡见不鲜。面对着三十年河东三十年河西的变化，没有必要对不如意去凄凄惨惨戚戚一番，最好的选择莫过于到哪个山上唱哪支歌。当年东吴末帝孙皓被执洛阳后，不是照样向曹魏权臣司马炎说“敬君一杯酒，贺君万年春”吗?

周勃是汉代开国元勋，位列“三公”。在平定韩信叛乱和铲除吕后势力中立下了汗马功劳。后来，周勃因为被人诬陷有谋反之心而下狱，当时，一向养尊处优、曾经位居“三公”的周勃哪里受过牢狱之苦？他一时惊慌失措，不知该怎样应对审问，时间一长，少不了受到狱吏的凌辱。在这种情况下，周勃只好委曲求全，用千金向狱吏行贿以求平安。几经周折，周勃终于得以无罪释放，恢复原有的爵位和封地。走出牢狱的周勃大为感叹：“吾尝将百万军，然安知狱吏之贵乎！”周勃做的只是感慨而已，并没有对狱吏有什么报复行为。这也正与他的个人修养有着莫大的关系。

比周勃稍晚一点儿的著名将领李广的所作所为就与周勃相差甚远了。李广在家闲居时，常到南山打猎。一天夜里，他带着一名随从外出去和别人一起饮酒。回来时走到霸陵亭，负责守卫的霸陵尉禁止李广通行。后来，匈奴入侵，汉武帝起用李广，任他为右北平太守。李广随即请求让霸陵尉一起赴任，然而到了军中，李广就把他杀了。最终，李广因延误军期，不愿受刀笔小吏的折磨而自刎。人们在痛惜一代名将遭遇的同时，又免不了联想到他这种狭隘的心胸才是真正的杀人凶手。如果，李广不过多地计较得失，下场怕也不会是如此惨烈吧。

人的一生有着数不尽的坎坷泥泞，也有着看不完的鸟语花香。我们不能因为一时的失败和挫折就一蹶不振，更不能因为受到一些冷嘲热讽而悲痛欲绝。人生就像一场戏，有高潮也有低落，没有必要去计较的太多，短短的几十年，是一个充满离奇变化、多姿多彩的旅程，因而最重要的是，笑看人生中的每一点滴，如此，才能享受到生命的美好。

这是一个快节奏的生活时代。我们的心态似乎也变得急功近利起来。稍微有一些差错，就会陷入一种焦躁不安的心境当中，有时候哪怕是一丁点儿的小事，也会寝不安席、食不甘味。另外，如果对待自己、对待别人过于苛刻，就会导致情感失调。现代研究表明，情感失调的人，生病的危险性是别人的两倍，因此，如果不能有效地控制情感，无论是心理还是生理上，都会造成巨大的伤害。有一个人在临终前曾经哀叹说："你的躯体十分庞大，而决定生死的却只有那一颗小小的心。"

因此，在生活中，我们要对自己的心灵进行细致入微的呵护，不要让自己的心"受寒"。

俗话说："海纳百川，有容乃大。"面对自然界中的一切，我们应该拥有一颗包容的心，包容自己，包容他人，切忌求全责备。

对此，我们首先要做的是接受自己和喜爱自己。或许我们财遇不佳缺少金钱，或许我们相貌平平、身材矮小，但是只要我们喜爱自己，那些先天或者后天的缺陷都不可能成为我们悲观失望的原因。俗话说："寸有所长，尺有所短"，拥有一个好的心态，是走向成功的先决条件。

还记得2005年春节联欢晚会上的《千手观音》吗？那些优美的舞姿，那些聋哑演员们的坚韧精神，在给全国人民送去一场视觉盛宴之后，又给很多的人留下了心灵上的震撼。试想一下，如果这些演员们因为自己的先天不足而选择对人生的绝望，向命运低头，那么，我们将永远看不到这场舞蹈，领舞者邵丽华也只能淹没在滚滚的人流之中。

我们不能鄙薄自己、看低自己。要怀着一颗包容的心，懂得发现自己的长处，做到扬长避短，生活就一定能够变得更加轻松和多姿多彩，事业上才能取得成就，人不可能是十全十美的，不能因为自己的缺陷而妄自菲薄，对自己包容可以取得精神上的自信，成为通向成功彼岸的渡船。

我们常在自己的脑子里预设了一些规定，认为别人应该有什么样的行为，如果违反规定，就会引起我们的怨恨。试想，倘若因为别人对我们的规定置之不理就心生怨恨，那么这将是一个很可笑的事情。即使别人真的错了，而勃然作色，咬牙切齿，怒从心头起，恶向胆边生，那么这些反应除了表现出自己的幼稚之外，无非是在拿别人的所谓错误来惩罚自己，这是极其不理智的。有这样一个故事：

两个犹太人从奥斯维辛集中营逃出来，犹太人甲问犹太人乙："你原谅那些残暴的家伙了吗？"

"是的，我早已经原谅他们了。"

"我可是一点儿也没有原谅他们，我恨透他们了，这些坏蛋害得我家破人亡，至今想起来仍让我咬牙切齿！恨不得将他们千刀万剐。"

犹太人乙听了之后，静静地说道："若是这样，他们仍在监视你。"

能够原谅别人对自己的伤害是对自己最大的心灵释放，当你能够原谅别人的时候，自己也就会豁然开朗，由此一来，也就拥有了健康自由的心态。我们为什么非要咬牙切齿地记恨别人呢？

"不经历风雨，怎么见彩虹"，这是我们经常唱到的歌词，它说明了一个十分浅显而又亘古不变的道理：成功大多出现在磨难之后，或者说，成功大多崛起在苦难和厄运中。遭受挫折的人，经过痛苦的洗礼，痛定思痛，就会产生一种奇异的强大力量，在哀兵必胜心态的影响下，重新出色地完成工作。

俄国著名诗人普希金写道:“假如生活欺骗了你,不要忧郁,也不要愤慨。不顺心时暂时克制自己,相信吧,快乐之日就要到来。一切都是暂时的,转瞬即逝,而那逝去将变得可爱。”用乐观的心态去看待你身边所发生的变故,多一些宽容,自然也就多一份收获。由此,在以后的人生道路中,我们就能够经常看到蔚蓝色的天空,呼吸到新鲜纯净的空气。

看淡所谓的灾难,笑对世事折磨

古人云:“月有阴晴圆缺,人有悲欢离合。”在生活中我们免不了要遇到种种想不到的羁绊和束缚,在挫折和失败面前,会衍生出烦恼忧虑的思想情绪,这是很正常的心理反应。假如一味地去抱怨命运和环境,那么,我们就永远地被悲观所囚禁。我们的传统哲学讲究“境由心造”,莎士比亚也曾经说过:“不是环境创造人,而是人创造环境。”人的心态好坏固然和环境有着一定的联系,但最重要的还是心态决定着一切。如果长期沉溺于或大或小的伤痛之中而不能自拔,一味地去哀叹和抱怨,那么,我们不仅会失去太阳,也将与星星擦肩而过。

信息化的时代,日益加快的生活节奏让许多人感觉难以适应这瞬息万变的现实,心理负担过重产生了挥之不去的烦恼。社会竞争日益激烈的今天,我们无法拒绝意外的伤害。太多的追名逐利使得我们的智慧被夺走、成就遭贬低、爱情受到摧残,当我们想尽力挽回的时候,得到的仍是一地破碎的景象。当这些伤痛袭击着我们内心的时候,我们或许会抱怨上苍的不公不平，心下一片凄惨之余，祈祷万能的上苍能够将烦恼悲伤从自己的心里带走。然而，需要明白的是，这个世界上并没有救世主，能够解救自己脱离苦海的只有自己。

在被人误解的时候，在遭遇挫折的时候，在迷茫彷徨的时候，如果能将这些苦恼和无奈统统倒入浩瀚的心海之中，看淡所谓的困难，笑对世事的折磨，那么这种大放达、真洒脱便成了解救自己脱离苦海的灵丹妙药。

张勇年纪轻轻，却是一个十足情绪化的人，有着典型的悲观主义心态。每当遇到不开心的事，心情就会十分的苦闷，甚至失眠，头发也大把地脱落。尽管他知道自己的性格弱点，却找不到能够化解苦闷的办法。为此，他经常忧心忡忡，心里的恐惧也日益加重。

大学毕业后的一段时间里，是张勇最为苦闷的时期。他在一家公司做文员，工资仅仅能够维持最低的生活标准。同事间的竞争和互相排斥，让他一时间无所适从。俗话说“屋漏偏逢连夜雨”，大学里相爱三年的女友此时又执意要离开他，多年来的感情却经不起现实的残酷考验。在这些打击面前，张勇情绪极其低落。

朋友们耐心地劝说，希望张勇振作起来，但没有起到任何的作用，他还是一味地让自己沉沦下去，用抽烟酗酒来麻痹自己，取得暂时的解脱。最后，朋友建议他去找心理咨讯师进行咨询，以摆脱目前的困境。

当心理咨询师听完诉说之后，把张勇带进一间很小的房间，室内唯一的桌子上放着一杯水。咨询师微笑着对满脸疑惑的张勇说:“你看这只杯子，它在这里已经很久了，几乎每天都会落入很多的灰尘，但是如今它仍然是清澈透明。你知道是为什么吗？”张勇凝视杯子苦苦地思索，继而说：“我明白了，”他为这个发现激动得跳了起来，“原来所有的灰尘都沉淀到杯子底下了。”

“年轻人，”咨询师用赞赏的口吻说，“生活中的苦恼有很多，有时候你想去忘掉却总是事与愿违，那就让它沉入心海吧。比如这杯水，你如果去晃动它，或者是别人去摇动它，都会使整杯水一样不得安宁，进而混浊不堪，这是很愚蠢的行为，而如果你能像这杯水目前的状态慢慢地静静地顺其自然地让落入的这些灰尘沉淀下来，用包容的心去融化它们，这样，你的心灵不仅不会受到任何污染，反而会更加纯净了。记住，这个世界上真正能够为你解除烦恼的，只有你自己。”

生活中的不快和委屈是经常可以遇见的，假如我们每遇到这样的事情就牢骚不断，有着剪不断理还乱的烦恼忧愁，进而发展到无法控制的地步，我们的生命就会难以承受这些本不该有的重担，并长期地沉浸于悲伤中，这是十分幼稚的表现。一个成熟的人、一个理性的人的选择是正视现实，学会自我疗伤，使身心得到最大限度的解脱。这不仅仅是自信的体现，更是难得的从容。

阿Q精神：一种包容的大智慧

在中国，很多人都知道阿Q，对其精神胜利法大多保持着一种嗤之以鼻、不屑一顾的态度。很多人普遍认为，这种不正视现实、妄自尊大、自欺欺人的精神胜利法是不可取的，然而我们不能因为对阿Q本人的厌恶而将这种自我调节、自我安慰的精神踩在脚下，永不正视。实际上，任何时候，阿Q精神对人们的身心健康和心灵医疗都起着正面的作用。物欲横流的今天，我们正确地使用阿Q精神，对于调整心态、正确对待功名利禄、宠辱得失，具有十分积极的意义。人人都可以从很多事情中找到正面的意义而因此变得积极愉快，无须把自己困在愁苦怨恨之中。这是阿Q精神的价值所在，是不能抹杀的。

其实阿Q精神并不是中华民族所特有的，甚至可以说是人类所共有的一种精神特征。希腊著名的哲学家苏格拉底也有过这种经历。

有一天，苏格拉底和柏拉图在雅典城外散步，一边悠闲地观看田园风光，一边愉快地交谈学术知识。突然有一位愣头青似的年轻人，用棍子狠狠地在苏格拉底的腿上敲了一下之后飞快地逃跑了。柏拉图看到后，火冒三丈，立刻要找那个小伙子算账。

苏格拉底拦住了柏拉图，告诉他全当什么事也没有发生。柏拉图非常疑惑地问道："老师，难道你很害怕这个人吗？"苏格拉底说："不，我绝不是害怕他。""那你为什么阻止我去教训他呢？"柏拉图更加不解了，"那个人无缘地打你，你为什么不还手呢？"

苏格拉底笑着解释说："难道你还不明白吗？如果一头驴子无缘无故地踢了你一脚，你也要非踢它一脚才甘心吗？"虽然苏格拉底的解释有些尖刻，但是柏拉图还是领会了退让的道理，点点头，也就不再追究此事了。

苏格拉底的一番话很容易让我们想起精神胜利法中的"孙子打爷爷"的典故来，二者都是通过更换一种角度去看问题，来获得精神上的愉悦，这是无可厚非的。生活中有着太多的磕磕碰碰、千头万绪、忙碌奔波、心酸悲伤，假如一直沉浸于此，最终落个身心疲惫的结局，是极其不明智的选择。

一个女孩失恋了，躲在房间里哭了三天三夜。后来感觉长期沉溺于这种无聊的悲伤之中是不必要的，除了爱情之外，她还有很多事情要做，于是在第四天的早晨，她擦干泪水，满脸微笑地走出门去。经过努力的奋斗之后，不仅拥有了事业上的成功，还获得了爱情上的丰收。

遇到不开心的事大哭一场，获得情绪的释放是无可厚非的。能够从巨大的变故之中寻找正面的意义并提升自己，是一个成熟的选择，这种阿Q精神是每个人所必备的。如果非要和精神胜利法相割裂，怕是要选择躲在屋子里哭上三个星期或者三个月才罢休了，最后万事皆空，岂不是更悲哀吗?

阿Q精神里有着一种包容的大智慧。生活中充满了各式各样的不如意，与人的交往之中也会因为一些小摩擦而产生不痛快，如果钻进牛角尖里，就会形成一块心病，使自己长时期笼罩在阴影之中，给人带来的折磨和痛苦无疑是巨大的。倒不如将这些不愉快都淡化掉，用一颗宽厚的心去赢得源源不断的快乐。

文斌家里失窃，存折、珠宝、电器等贵重物品都被小偷偷走。一位朋友得知后，特地来安慰他，劝他不要过于悲伤。而文斌的表情却是很平静，脸上并无多少愁容。他说:“我现在并不感到太伤心。因为第一，贼只偷去了我的一部分东西而不是全部；第二，贼偷去的只是财物，而没有伤害到我的生命；第三，也是最重要的，做贼的是他而不是我。”

对于任何人来说，失窃绝对是不幸的事情，而文斌却从中找出了三条乐观的理由。这种乐观的心态值得每个人学习。

多一点儿阿Q精神，就会少一些悲观和抱怨，平常的生活中就会不断得到新的喜悦，眼前所呈现的将是一个新境界。

断臂维纳斯，残缺的美

月盈则亏，水满则溢，荣辱祸福相依相存又可彼此转化，这个世界上根本无法找到十全十美的事物。金无足赤，人无完人，上苍或许给了你美丽的容貌，你却未必拥有博大的思想；你能够拥有高深的智慧，不见得能够得到一副健康的体魄。在生活中，每个人都要面对或大或小或多或少的缺憾，但是我们不妨拿这些缺憾来欣赏。心态决定一切，拥有健康的心态，缺憾也是可以转化为完美的。

我们很难改变自身所存在的缺憾，任何回避或者掩饰的幼稚做法都会带来消极的后果。面对缺憾，我们应该选择接受和忍耐。缺憾是一种过程的美，西天残月在向苍穹玉盘的转化过程中，人们可以得到追求圆满的精神享受。那么，我们本身所存在的缺憾，同样可以成为人生中追求卓越的衬托，缺憾的存在，能使生活显得更加的丰富多彩和精致。人生不如意的事，十有八九，既然如此，就放弃一味追求完美，欣赏缺憾吧。

缺憾本身并不美丽，但是缺憾把美丽衬托得更为突出、更为震撼。这便是缺憾的本质所在。维纳斯的雕像从被发现的那一天起就被公认为是希腊女性雕像中最美的一尊，但是多少年来，人们最欣赏的往往是维纳斯的断臂之美。尽管有很多艺术家试图修复那双断臂，但却不曾有人获得成功。维纳斯的残缺增加了人们的欣赏情趣，激发了人们的丰富想象，提供了一种审美的意境，这是其能够成为举世瞩目伟大艺术品的原因所在。对待生活中的缺憾，我们要像欣赏维纳斯那样的心情去看待，发现缺憾中包含的美丽意蕴。

美国第26任总统西奥多·罗斯福小时候与同龄人相比，除了自身太多的缺陷之外，并无过人之处。一张十分谦虚的面孔和满口暴露在外参差不齐的牙齿，往往令陌生人侧目。在上学的时候，他每次回答教师的问题，都是呼吸急促面红耳赤张皇不安，发出的声音含糊不清，没有人能够了解他说的意思。等到坐下来时，犹如得到释放的囚徒一样惊魂未定。换作平常人有了这样的性格，一定会走向自我封闭，从而闭门不出、羞于见人、神经过敏、怨天尤人以致自暴自弃，然而，罗斯福的过人之处就在于没有在缺陷面前低头服输，而是选择不懈地奋斗。

罗斯福从不把自己当成懦弱无能之人。他踊跃参加跳远、扔铅球等剧烈活动，和别人一样参加骑马、赛球、游泳、竞走等活动，成了比较有名的业余体育运动者。罗斯福的坚定和勇敢，成为其他人学习的榜样。在和伙伴们交往的时候，他总是能用友好和善的态度对待他们，慢慢地，他的这种自卑心理也就克服掉了，转化为了一种超强的自信心。经过长期的锻炼和学习，那种遭人鄙视的气喘声成了一种极有磁性的沙声，唇齿的颤动也被滔滔不绝的演说所代替。正是由于他的自强不息，才把自己由一个口齿不清、自卑懦弱的孩子变成精力充沛、坚强愉快、充满自信的人。罗斯福成功地把缺憾转化为奋斗的动力，进而改变了命运，成就了一生的伟大成就。

英国有句谚语："世界上没有不生杂草的花园"，阿拉伯人也说过"月亮的脸上也会有雀斑"。事事苛求的人，往往会有着沉重的心理负担，这样就无法找到快乐。只有在绝境中仍能抓住一丝快乐的人，才能领悟生命的真谛。要勇敢地面对自己的缺憾，适时地去忽略那些缺憾，放弃悲观，努力发现和运用自己的长处，同时将不如意转化为奋发图强的动力。有些人因为身材矮小而打不起精神，那就多想想横扫欧洲大陆的拿破仑；有些人不满意自己的残疾，那就不妨学习一下保尔•柯察金。笑纳上苍赐予的一切，一定会得到累累的硕果。

面对缺憾，不要想着拼命地去弥补这些不足。我们的人生不是完美的，这个世界也不是尽善尽美的。因为缺憾，我们的生活才有了无限的可能。那么，我们就应该学会自我欣赏，用积极乐观的心态去看待一切，只有这样，生命之花才会绽放得更加灿烂。

见怪不怪，其怪自败

作为一个人，很难容忍别人对自己的恶意诽谤与诋毁。很多空穴来风的谣言会让自己在一时间丧失理智而气愤不已；不怀好意的冷嘲热讽如落入水池的石头激起层层波浪，严重干扰了我们平静的生活。众口铄金，积毁销骨，有太多的流言蜚语让人无可奈何。阮玲玉自杀时的遗书上曾写有“人言可畏”四个字，至今仍然让人叹息不已。

面对龌龊的排挤和诬陷，很多人都是眼睛里容不得沙子，陷入无休止的愤怒之中，或许这也正是别人想要的结果。既然如此，不妨静下心来想一想，睚眦必报，只能说明你内心狭小；以牙还牙，正好证明你缺乏理智；血脉偾张，带来的不过是“高血压病”。这些不理智，只能证明自己的心胸狭隘和毫无城府。那么，就让这流言蜚语随风飞舞吧，假以时日，必定会不攻自破。俗话说：“见怪不怪，其怪自败。”有着泰山崩于前而色不变的胸襟，那些飞短流长还会成为个人修养的有力见证。

人言不可畏，运用得当的话，可以转化为“人言可慰”。面对别人的诬陷嘲笑和捉弄，我们能够大度地接受、聪明地处理，就会利用这些嘲弄讥讽来改善自己。若一心只想着去辩白或者躲避，除了受伤害之外，一无所获。既然如此，就选择以德报怨吧，这样能够赢得一个充满温馨的世界。

苏秦是战国时期著名的政治家，配六国相印，有着“一怒而诸侯惧，安居而天下熄”的美誉。苏秦的成功来源于他的勤奋和对冷言冷语的坦荡精神。

苏秦是洛阳人，投奔于鬼谷子门下，学习纵横之术。在经过一段时间的学习之后，苏秦自以为学业有成了，便告别鬼谷子，行走于各国之间说服各国国君采纳自己的政治主张。可是由于才疏学浅，不仅没有得到功名利禄，反而落得了个衣不遮体、食不果腹的局面，走投无路、无可奈何之际，只得狼狈地回到家中，此时的他，没有了意气风发、趾高气扬，只有骨瘦如柴的身体、破烂肮脏的衣物，以及蓬头垢面的容颜，与乞丐并无两样。

当苏秦回到家中的时候，家里人看到他这副失魂落魄的样子，都显得十分冷漠。妻子坐在织布机前假装没看见，嫂子扭头就走不给做饭，父母兄弟姐妹也没有好脸色，反而无情地讥笑，极尽挖苦之能事，说“咱们家的传统是安分守己，致力工商老老实实做事，用双手来换得衣食的丰饶。像你这种不务正业、摇唇鼓舌、搬弄是非来获取荣华富贵，简直就是异想天开，落得如此狼狈下场岂不是自寻苦头吗、咎由自取？活该”。

身为七尺男儿，受到这样的数落，苏秦面红耳赤、无地自容，惭愧而又伤心，躺在床上辗转反侧对自己做着心理上的剖析，问自己：“以后是在家安分守己地做农夫，忍受着乡邻们的捉弄嘲讽，还是继续发奋读书，增长见识以雪今日之耻辱呢？”经过长时间的考虑，苏秦认识到了自己学业未成却心浮气躁的毛病，决定发奋读书，改掉这些缺点。

为了珍惜时间，苏秦发明了“锥刺股”的方法。每当晚上打瞌睡的时候，就用锥子在自己的大腿上猛扎一下，让混沌的大脑从迷茫中惊醒，这样又可以以充足的精神去读书了。为了苦读，他的大腿常常是鲜血淋淋、惨不忍睹。

功夫不负有心人，经过数年的磨砺之后，苏秦已经从当初的不知天高地厚的游说者变成了如今的学识渊博才高八斗之人。有了深厚的文化修养，苏秦获得了空前的自信，他说：“以我目前的学识完全可以说服诸国国君采纳我的建议了。”当苏秦再次游说六国的时候，都受到了上宾的待遇，获得各国国君的器重和认可，挂六国相印声名显赫，开始了别人无法与之媲美的辉煌政治生涯。

当苏秦再次回到家乡，已不再是狼狈不堪的穷小子了，而是仆役如云、威风凛凛。回到家时，妻子躲在房里不敢出门；嫂子跪在地下不敢抬头，一副诚惶诚恐的样子。当苏秦问嫂子为什么会前倨后恭两种截然不同的态度来对待他时，嫂子说：“因为现在您已经富贵显达了，不再是当初的穷小子了。”苏秦听罢，只是爽朗地付之一笑。对待家人仍是亲热如初。

燕雀安知鸿鹄之志；大鹏振翼而飞，志在千里，寒蝉不以为然，尽情地讥笑挖苦，是因为“小知不知大知”。如果因为别人的讥讽而裹足不前，只会是自降身价。面对别人的嘲讽，选择忍耐，弥补不足，才能图大志；面对别人的讥笑，选择忍耐，以深厚的修养来处理，才能获得尊重。如此，才是做人的一种高境界。

面对生活的不公，化愤懑为力量

天赋之神是一个博爱的使者，不会因为一些人的贫穷疾病和出身而吝啬，而命运之神却像极了一个势利鬼，当我们渴望改变现状时，却无法得到他的垂青。社会上的贫富差距、资源分配不合理、恶性竞争，以及生活中的不公平是如此之多，以致太多的人在这些现象面前感到委屈、不解和困惑，甚至自暴自弃地将一切归结于天意，不想用自己的智慧与努力去改变现状，终日无所事事、碌碌无为，这种做法，害人匪浅，如不加以纠正，只能荒废大好人生。

当然，我们不可否认，这个世界充斥着太多不公平：有些人漂亮，有些人丑陋；有些人高，有些人矮；有的人才高八斗，有的人目不识丁；有的人家产万贯，有的人寅吃卯粮；有些人生活在贫穷战乱的地区，有的人生活在富裕安定的国家。然而，太多的不公平我们是没有办法解释的。或许，世界不是根据公平的原则设立的，种种的不公平正是这个多姿多彩的世界所包含的重要组成部分吧。

面对生活中不公平的人和事，我们需要做的是心平气和地接受，不要被困难阻碍了脚步，束缚智力的正确发挥。慢慢地去改变，那么这些不公平就会慢慢地转化为公平了。假如面对这些不公平，我们做的只有怨恨和诅咒，那样不仅不能改变现状，还会徒增自己的烦恼，加深对自己的伤害。我们不如从另一个角度来看待这些不公平，正是由于这些不公平的存在，才构成了前进的动力。假如，任何人都是一样的，那么，有谁还会努力拼搏，不断地去完善自我呢？

在美国，有一个出身于黑人单亲家庭的小男孩，家里十分贫困。7岁的他本该有着无忧无虑的生活，由于命运的捉弄，这个小男孩明亮的大眼睛下只有一个因为营养不良而瘦弱不堪的躯体。然而有一天，由于一件事情的发生使得这个孩子明亮的眼睛也黯然失色了。

这天，老师组织为社区进行捐款活动。小男孩手里紧紧攥着自己捡垃圾挣来的五美元，满怀期待地等待着老师喊他的名字，然后就可以很自豪地走上讲台捐出自己用劳动的双手换来的钱。然而，直到最后，老师依然没有喊到他的名字。小男孩满脸迷惑地问老师，为什么没有念到他的名字。

老师用一种比较怜悯的语气告诉他说："我们这次募捐是为了帮助像你这样穷困的学生，这位同学，如果你能交得起十美元的课外活动经费，你就不用领救济金了，何况，你还没有爸爸……"

这些话犹如晴天霹雳一样狠狠地击中了小男孩的心。小男孩含泪离开了学校。因为这次的屈辱，使得他变得更加的坚强。从此之后，他拼命地学习和做工，最后终于有了自己的一番事业。这个孩子就是美国著名的黑人电视台节目主持人狄克•格里戈。

由此可见，不公平未必是坏事，它可以摧残人的自尊自信，但也可以促进人的奋进，关键在于你如何看待。

有时候，付出与回报的差距总是那么大，苦苦的追寻之后换来的可能只是一身的疲惫，挥洒过汗水之后可能换不回来期待的收获。如果我们心胸狭隘，面对这些不如意，很可能会灰心丧气、心情沮丧，甚至会做出自绝于世的傻事来。如果我们能够大度地接纳这些现实，就不失为是智慧的选择。

在一个地方，有一个小女孩的毕业作品完全可以得到市长奖的，但是因为每个学校有一定的名额，其中一个给了某协会会长的孩子，另一个给了有脑瘤的孩子，结果把她挤了下来。颁奖时，小女孩看着毕业作品不如她的同学领了奖，眼泪直往肚里吞，她觉得太不公平了。于是就向妈妈哭诉："妈妈，上天对我真是太不公平了，我的命怎么就那么苦啊？"妈妈替她擦干泪水并劝慰她说："孩子，不要总是觉得自己是最不幸的，你要想想那个得脑瘤的孩子多可怜！他得那么重的病，动了那么多次手术，还能有不错的毕业作品，真是不简单。就成绩而论，他比你差却列在你前面，确实不公平。但是从另一个角度想，一个才十二岁的孩子，就长了脑瘤，上天不是也不公平吗？你怎不想想自己幸运的地方而对此感恩呢？"

面对社会的不公平，我们应该尽力地去改变。可以把愤懑转化为力量，在未来有更杰出的成就。但是，不能怨恨，怨恨只能让自己更加偏激和更加不理智，从而产生更大的挫败感。

生活美好与否，只在一念间

生活并不完美，生活也从来不必完美。在人生的旅途中，我们逐渐明白了这样一个道理：生命赐予我们的东西越多，我们就越觉得这是理所当然的，然后，我们就得陇望蜀，渴望得到更多。但是如果有一点儿突如其来的变故，哪怕是最微小的遗憾，都会让人发狂，从而以泪洗面、黯然神伤，甚至会发出"上苍无情，将一切灾难都降临在自己身上"的悲叹。

俗话说："一叶障目，不见泰山。"我们怎么能够因为一片微小叶子的遮挡而忽略了泰山的雄伟呢？生活是美好还是悲惨，在于人的一念之间。马斯洛曾告诉人们："心若改变，你的态度就会跟着改变；态度改变，你的习惯也会跟着改变；习惯改变，你的性格也会改变；性格改变，你的人生也会改变。在顺境中感恩，在逆境中保持乐观，认真地在现实中活下去。”面对生活中的一切，我们要从中寻找积极的因素所在，以健康的心态去面对每一个时刻和每一天，庆幸自己不是最倒霉的人。可以说，一个乐观的心态，作用远远超出灵丹妙药。

一个悲观主义者来到乐观主义者面前，请教如何面对生活中的不如意。乐观主义者满面春风，乐呵呵地请对方坐下，笑嘻嘻地听着提问。

“当你去拔牙的时候，医生错拔了你的好牙而留下了坏牙，这有值得高兴的地方吗？”

“医生错拔的只是一颗牙，却不是我的内脏，这就是高兴的地方呀。”

“当你正在睡觉的时候，忽然有一个人在你面前用非常刺耳的声音唱歌，搞得你头痛欲裂，你会认为这是一件高兴的事吗？”

“当然，幸亏是一个人在这里号叫着，不是比一匹狼在叫更幸运些吗？”

“有一天，你走在街上，莫名其妙地被别人打了一顿，你还会高兴吗？”

“我好在只是被打了一顿，而没有被他们杀害，这是多么值得庆幸的事呀。”

“当你在行走的时候，突然一不小心掉进了泥坑里，好不容易爬出来之后，自己身上都是臭不可闻的泥浆，你还会高兴吗？”

“我还是会很高兴的，因为我掉进的只是一个泥坑，而不是万丈深渊。”

“假如你孑然一身，没有一个可以倾诉的朋友，你还会高兴吗？”

“幸亏我只是没有朋友，这比我失去生命要幸运多了。”

“假如，你马上就要失去自己的生命，你还有心情像这样高兴吗？”

“当然，我会高高兴兴地想，我终于平平安安快快乐乐地走完了人生的旅程，可以跟着死神满怀兴奋地去参加另外一个宴会了。”

唐初，一位叫王梵志的人写过一首打油诗，至今仍在流传。“他人骑大马，我独跨驴子。回顾担柴汉，心下较些子。”这首诗把一些人比上不足比下有余的心态刻画得惟妙惟肖，虽然诗写得有点儿滑稽，但这种乐观的心态，却不妨成为我们的榜样。人生就是如此，不要以为自己的命运是悲惨的，还有很多人比我们还悲惨。

有一个年轻人，总觉得命运对自己的不公平，每天牢骚满腹，认为自己怀才不遇、时运不济。年底到了，邻居们都张灯结彩、喜气洋洋地等待着一个新春的到来，而这位年轻人却凄惨地在公园中漫步，触景生情地想起往事。以这种形影相吊、孑然一身的状态来度过新年，对他来说已经不止一次了，没有新衣服、新鞋子，更不用提新车子和新房子了。

“这个新年，我怕是又要穿着这双破鞋子来度过了。”年轻人一边自言自语着，一边狠狠地踢着路边的树。这个时候，有个残疾人摇着轮椅从他身边慢慢走过去，看着看着，年轻人的眼睛湿润了，心想：“人家连穿鞋子的机会都没有，却仍然乐观地活着，而我四肢健全，无病无灾并有着一份工作，还有什么理由去抱怨生活呢？”

后来，这位年轻人做任何一件事情都不再抱怨，而是以一颗乐观从容的心面对着每一天。功夫不负有心人，在经过几年的努力之后，他的生活终于得到了改变，职务有了提升。

当我们早晨醒来，发现还能自由呼吸，你就比即将离开人世的人幸运得多。相对于世界上的其他人，我们生活在一个没有战争、没有饥饿的年代，枪炮的危险、被囚禁的枯寂、受折磨的痛苦、忍饥挨饿的心酸都与我们无缘，能够在喝完一杯牛奶之后去乘着公交车上班，这就是世界很多人享受不到的幸福，所以，我们应该懂得珍惜当下，让抱怨和委屈从我们身边永久性地离开。

放弃仇恨，受益的是自己

人活在世上，难免要犯错误。我们往往比较容易原谅自己，却很难原谅别人，哪怕别人的错误是在无意间、无心中形成的，我们都会耿耿于怀。这种心理，在本质上来说，是敢于面对自己而不敢面对别人的懦弱。

一只脚踩扁了紫罗兰，紫罗兰却把香味留在了那只踩扁了它的脚上。这就是一种宽容的境界。紫罗兰的以德报怨，正是人们所需要的君子之风。记得有个哲学家说过:“如果没有宽容之心，生命就会被无休止的仇恨和报复所支配。一个人如果选择了仇恨，会在仇恨中度过余生；选择了谅解，心灵上便获得了较大的自由。有着宽阔的胸襟，不仅仅能提升道德层次，更重要的是能提高生命的质量。”

放弃仇恨，受益的是自己，共赢的是双方。某个学者曾经说过:“对于伤害，宽容比复仇强大得多。”忘记别人对你的伤害，可以使自己的心灵得到释放；将不愉快的事抛掷在九霄之外，内心会格外的明朗纯净。斤斤计较、抱怨诅咒，表现的不是爱憎分明的精神，恰恰是心胸的狭隘。拿着别人的错误来惩罚自己，不也把自己拖入了错误的边境吗？如果将受到伤害的不快大度地挥洒在时间的烟云中，那么我们得到的不仅仅是境界的升华，也会赢回一份更加坚贞的友谊。

管仲和鲍叔牙是多年的老朋友。齐桓公是经过鲍叔牙的大力举荐才任管仲为相的。在管仲将要去世的时候，桓公去探视，问道:“您的病情已经是相当严重了，如果您不幸与世长辞，那么我该将国家托付给谁呢？”管仲问：“您想用谁为相啊？”此时的桓公心里已经将鲍叔牙当成既定人选，只是出于礼节性地询问管仲。听管仲如此问，便将心中的想法说了出来。按说管仲应该同意让老朋友接任相位的，然而他却摇了摇头回答说：“不行。我太了解鲍叔牙了，鲍叔牙为人清正廉洁，对不如自己的人，不屑与之为伍，偶尔听到别人的过错，便终生不忘，这种疾恶如仇的人是不能做相国的。”桓公听后，只好摇头叹息，让隰朋做了齐国的相国。

易牙和竖刁听说此事后，别有用心地找到鲍叔牙，想挑拨这对老朋友的关系。鲍叔牙却说：“管仲真是太了解我了，如果我做相国的话，第一件事就是把你们这些小人给杀掉。”说罢，便将他们赶了出去。

管仲和鲍叔牙在年轻时一起做生意的时候，管仲总是将赚的钱多分给自己一些，给鲍叔牙的钱少一些。鲍叔牙并没有不满之情。面对别人的议论，他解释说“管仲并不是贪财的人，只是因为家中有老母需要赡养罢了，这钱是我多给他的。”鲍叔牙这种宽宏大量的胸怀，历经几十年而没有改变。不仅赢得了世人的尊重，并且在中国的历史上留下了管鲍之交的佳话。

人们常说，比陆地宽阔的是天空，比天空宽阔的是大海，比大海宽阔的是人的胸襟。海纳百川，有容乃大。人生苦短，几十年如白驹过隙，转瞬即逝，如果经常为一些鸡毛蒜皮的小事争得面红耳赤，错过了欣赏人生的美丽景致，那是多么的可悲可叹。面对无意的伤害，宽容可以很快愈合两者的创伤；面对故意的伤害，宽容可以显示出一个人的修养和胸襟。

东汉时期有一个叫刘宽的人，待人极为宽厚仁慈。他在南阳做太守的时候，属吏和百姓们犯了法，为了以示惩戒，他都让衙役们用蒲草鞭打，使人不再重犯，因此颇得民心。有一次，刘宽乘牛车出行，有一个人将刘宽的牛误认成了自己丢失的牛，前来相认。刘宽就从车上跳下来走着回去了。过了没一会儿，丢牛的人找到了自己的牛，就把刘宽的牛送还，跪在地上向他道歉。刘宽只是笑着说：“万物之中有很多相似的，难免会认错，现在您把牛给送回来了，又何必再赔礼道歉呢？”

一个人能容难容之事，他的人品就会得到别人的尊重，人格魅力就会得到欣赏。选择宽容，才能活得轻松自在，才能够“不以物喜，不以己悲”。为一些小事而耿耿于怀，就会沉溺于往事之中难以自拔、一蹶不振。为了能够看到纯净的天空和明媚的阳光，我们还是选择宽容吧。

第二章

不论做任何事情，都必须竭尽全力

生活总是恶作剧

生活就像一个喜欢恶作剧的家伙，经常和我们开着太多让人哭笑不得的玩笑。工作时，你每天都尽心尽力，有时候还通宵达旦地加班，然而，当付出大量的心血之后，却发现，老板并不是想象中的那般开明，你所期待的薪水数目依然离现实十分的遥远。在这种情况下，套用一句歌词来说：“伤心总是难免的。”毕竟，当付出和收获不能成正比的时候，心情低落属于很正常的反应，但是，假如一味地沉浸在痛苦和抱怨之中，那么，就会影响到生活的质量和工作的态度，后果将是十分可怕的，不如看开一些。高薪虽然是我们梦寐以求的，但却并不代表工作的全部，其所占的比例，只是很小的一部分。在我们兢兢业业地完成工作的同时，无形之中也拥有了一些重要的东西。比如，办事能力有所增加、经营手段有所进步等，这些都是无法用金钱买得到的。金钱的多少，只是眼前的得失，而能力的发展，则是终身的大计。

现实生活中，许多人因为所得报酬与付出不成正比，于是对待工作就故意采取一种应付的态度，这样做，未免显得舍本逐末了些。当一个人一心只想着薪水的时候，那么他的人格、能力都会开始退化，从而成为一个目光短浅、心胸狭隘、无效率与堕落的人，那些诸如宏伟、尊贵、高大的字眼就会永远地和他绝缘。这种人的才干、负责任的能力、规划设计的能力，以及与那些可以使他们居人之上、成为卓越者的一切品质，都将因此而远去。一个人若因不如意的薪水而失去工作的激情，是一种慢性自杀的行为，因为这样，他就会阻碍自己的生长，甚至毁灭自己的前程，从而变成精神上的残废，成为职场里永远的侏儒，再也无法和激情、崇高、完美相提并论了。作为生活中的智者，相信你不会做这种选择。

王康年是一家建筑工程公司的执行总裁，几年前，他还仅仅是一名这家建筑公司的送水工。那时，他的同事们把水桶搬到工地之后就躲在阴凉的墙角抽烟打牌，抱怨着生不逢时、工资太低。而王康年却总是做一些在外人看来十分可笑的分外事，比如，先到工人中间给每一个忙碌在岗位上的工人的水壶倒满水，并在工人休息时，一边给他们加水，一边认真地听取关于建筑方面的各项知识。他的勤奋好学引起了建筑队长的注意，于是就让他做了工地上的计时员。而王康年并不因为职务的晋升而改变过去的习惯，依然勤勤恳恳地工作，总是早上第一个来，晚上最后一个离开，如此很快就熟悉了建筑工地上如打地基、垒砖、刷泥浆等工作程序，当建筑队的负责人不在时，工人们遇到难以解决的问题，就虚心地向他请教。

一次，负责人看到王康年把旧的红色法兰绒撕开包在日光灯上，以解决工地上没有足够的红灯来照明的困难，工地负责人决定让这个勤恳又能干的年轻人做自己的助理。在王康年的帮助下，负责人把所有的事务都处理得井然有序。在这支建筑队扩大到原来的五倍时，效率和质量赢得了业内人士的好评。后来经这位负责人的推荐，王康年便成了公司的副总。按说王康年应该是志得意满、高枕无忧了。但他依然专注于工作，从不说闲话，也从不介入任何无聊的纠纷。他鼓励大家改变固有思维，勇于创新，还常常拟计划、画草图，向大家提出各种好建议。只要给他时间，他可以把客户希望他做的所有的事都做好。过了两年，董事会决定任命王康年为公司执行总裁。

如今的社会，越来越快的工作节奏逐渐地剥夺了生活本身应有的快乐与舒适。既然无法改变社会现状，就尝试着改变一下自己吧。我们不妨多花费点儿心思，多个“心眼”，在现代快节奏的工作中找寻生活固有的快乐，在工作与生活之间认真地比较、选择，改变我们对于工作的固有偏见。毕竟，工作是为了使我们更好地生活。如果我们不单纯地把工作当成一种糊口的饭碗，而是从心里面喜欢、热爱自己所从事的职业，到时候就会发现我们的工作早已超出了其本身的内涵，并让我们从中找到许多的乐趣和快乐。

太过追求完美，终会身心疲惫

我们每一个人对生活抱有急切的愿望，比如，渴望着爱情上的比翼双飞、事业上的飞黄腾达、交际场上的游刃有余。追求尽善尽美的心情是美好而又普遍存在的，然而现实却往往会和我们的理想背道而驰，两者之间存在的巨大差距会让心灵脆弱的我们心理崩溃，感到莫大的焦虑、沮丧和压抑，让精神背负了极大的包袱而痛苦不堪。

追求完美是拥有理想的表现，然而完美却没有一个准确的概念。完美不是一种顺着设想就可以实现的现象，而是在执着的追求中逐步完善的过程。当追求的结果不能达到设想的目标时，并不仅仅是因为我们的能力不济，而是复杂的心灵和无边的欲望所导致的，正因为这种求全责备的苛求才造成我们心灵上的失衡，从而把简单的问题复杂化。其实世界上任何一件事情都有着一个界限，超出这个界限范围就会显得过犹不及，甚至是荒谬不堪的。而太多烦恼的产生，则是我们把简单的问题弄得过于复杂化的原因。

1587年的冬天，明朝著名的清官南京都察院右都御史海瑞在任所与世长辞。死的时候带着巨大的遗憾，而这位富有传奇性人物的离开，让不少的朝中大臣长舒了一口气，认为以后终于可以平平安安地过日子了。对于海瑞生前的所作所为，本着死者为大的原则，礼部上谥号曰“忠介”。另外朝廷发出讣告，走了一场形式上的追悼仪式。至于对他的评价，人们却发生了很大的争议。

海瑞是一个有着很大的理想和抱负的人，极端痛恨当时文恬武嬉的官场风气以及官员鱼肉百姓的卑鄙行径。一心要力挽狂澜。但是，在实施自己理想的时候又不得其法，往往是满腔热血换不回来所需要的结果。

海瑞任应天巡抚的时候，不像其他二品官员坐着八抬大轿上任，而只是骑驴前往，身后只跟随了一个书童而已。这样一来，倒也显示出了一位官员应有的清廉，但是却让他的手下人再也不敢坐轿了，而官员不敢坐轿也迫使不少平民选择徒步出行，如此一来，让很多靠抬轿为生的人失去了生活来源。海瑞在任期间廉洁奉公本是好事，却刻薄到连纸张浪费都要求全责备的地步，弄得下属们哭笑不得。在此期间，那些昔日显赫的权贵世家，原来把门漆成了红色，听说海瑞来了，就慌忙涂成黑漆颜色。生怕这位青天大老爷挑出不是来。对于兼并农民土地的豪强大户们，海瑞毫不手软地逼迫他们退还抢占的土地，其中在朝廷当过内阁首辅的徐阶，退休后在家居住，但海瑞追查起来仍是毫不留情面。很多人忌惮于他的强硬，有钱的人家吓得跑到其他地方躲了起来。这样，应天的地面上治安自然是好了许多，但是承担着天下三分之二赋税的江苏却因此而经济衰退，市场萧条。

海瑞是刚正不阿的，深信“王子犯法与庶民同罪”。但是作为一个在圣贤书培养下成长的文官，他又始终重视伦理道德的指导作用。他在著作中表示，人类的日常行为乃至一举一动，都可以根据直觉归纳于善、恶两个道德范畴之内。他说，他担任地方的行政官而兼司法官，所有诉讼，十之六七，其是非可以立即判定。只有少数的案件，是非尚有待斟酌，这斟酌的标准是：“凡讼之可疑者，与其屈兄，宁屈其弟；与其屈叔伯，宁屈其侄。与其屈贫民，宁屈富民；与其屈愚直，宁屈刁顽。事在争产业；与其屈小民，宁屈乡官，以救弊也。事在争言貌，与其屈乡官，宁屈小民，以存体也。”这样一来，就不再重视案件的是非曲直，只是以一个人的好恶来判断，难免会判出冤狱来。因此，海瑞的所作所为，无论在民间还是在官场上都是不得人心的，最后朝廷不得不下令免了他的应天巡抚职务。

其实成大事的人向来不是理想主义者，也不是完美主义者。孟尝君利用鸡鸣狗盗之徒逃出秦国，张居正为了完成万历新政而和太监冯宝交好等，都表现着一个政治家的智慧和手腕。如果在一些微乎其微的问题上过于计较，那么这个世界上存在的或许只有平庸之人，而没有成功者了。

一味追求完美的人往往属于性格偏执的人，不容许工作中有一点儿失误和瑕疵，唯一的选择只有放弃这种工作。因此，我们在工作和生活中对自己的要求不能过于苛刻，否则的话，我们会被生活搞得身心疲惫。

面对竞争对手，送去拥抱和微笑

面对生活的挫折和职场的不如意，我们需要微笑；面对竞争对手，同样需要豁达的心胸、亲切的笑容。微笑地竞争，是大家的风范，是一种修养，是人生的较高境界。历史上，我们把对手和敌人视为同义词，认为竞争是一场你死我活的鲜血淋淋的战争，是胜王败寇的拼命残杀。随着社会的发展，对手的含义已变成共同进步和相互合作。竞争中，一个人的成功也绝不代表着以对方的失败为前提。给对手一个微笑，见证着一个人的风度和内涵，体验着一个人的智慧和心胸。

无论是日常生活还是职业生涯中，都存在着激烈而又残酷的竞争。许多人把对手视为心腹大患，必欲除之而后快。其实，对手的存在未必是一件坏事。草原上的狮子失去了对手，就会变得死气沉沉；一个人失去对手，就会变得丧失意志，碌碌无为；一个组织失去了对手，就会在的懒惰中丧失活力，走向灭亡。

竞争是一个无法避免的话题。在竞争中微笑着和对手拥抱，是自信的心态，不仅不会损伤自尊，还能收获一份友谊和合作。给对手一个微笑，是有效的心灵沟通；付出赞美，会得到感激。竞争，追求的不仅仅是“利”，还有“礼”的美好所在。

美国第 41 任总统乔治•布什在任期间成功地结束了世界东西方两极冷战格局，在外交上取得了很明显的成就，却由于本国经济下滑在 1991 年 11 月的选举中败给了克林顿，遗憾地与总统连任擦肩而过。

1991 年 11 月 3 日晚上，克林顿得知大选胜出的消息后，在竞选总部发表演讲，呼吁支持者们停止对布什的攻击。在演讲中，克林顿言辞恳切地感谢竞争对手布什，感谢他从一名战士到一名总统期间对美利坚合众国所做出的贡献，并恳求布什和另一位对手佩罗及其支持者与他团结合作，在未来四年总统的任期内，为全面振兴美国的各项事业而共同努力。

远在异乡的乔治•布什，给克林顿发来贺电，祝贺他成功地完成了强有力的竞选，同时用一种过来人的口吻调侃道："削尖了脑袋向里钻的白宫，其实是个很累人的地方。"之后，布什保证他本人和白宫各级人士将全力以赴地与克林顿新政府进行合作，顺利地完成总统交接工作。

竞选的成功与否，对于克林顿和布什而言，欢乐与悲哀都是不言而喻的。但在选举结果面前，胜利者没有得意忘形，失败者也没有失魂落魄，而是保持着高度的理智，在互相欣赏之余，也留下了超然的风度，得到世人的赞赏。

为对手叫好，并不代表自己就是弱者，真正的竞争，是在美德肩膀上的优美舞蹈。我们对竞争的态度应该是《论语》里面所讲的"揖让而升，下而饮，其争也君子。"如果心胸狭隘，一心想将对手置于死地，最终的结局很可能是毁了自己。

孙膑是战国时期著名的军事家，是鬼谷子的学生。学满下山后投靠于魏国做大将的庞涓，希望通过他的推荐，获得魏王的重用。庞涓害怕孙膑的军事才能强于自己，使用手段在魏王面前诬陷孙膑勾结齐国，对他处以刖刑，孙膑成了残疾人。

后来，孙膑被齐国出使魏国的大臣救下，藏在车中逃往齐国。被齐威王封为军师。不久，庞涓带兵攻打赵国，赵王向齐国求救。齐威王任田忌为将军，孙膑为军师，用围魏救赵的办法连挫庞涓。在庞涓回师救援之际，孙膑设下埋伏，在马陵道将庞涓射杀。庞涓因气量狭小，心术不正，落得个身首异处的下场。

面对竞争，应该避免无所不用其极地追求胜利的做法，而选择平静的心态，给对手善良的拥抱和微笑才是明智之举。微笑地竞争，将会获得一个和谐美满的结局。

不论做任何事情，都必须竭尽全力

在工作中，我们不少人都把精益求精当作自己的座右铭。历史上，无论是居庙堂之高的王侯公卿还是处江湖之远的贩夫走卒，很多人都在追求着尽善尽美。现实中，那些有责任感的人对事业、工作甚至生活都是全身心地投入，没有丝毫的放松，他们的心里都有一个信念："要么不做，要么就做到最好。"印度诗人泰戈尔在一首诗里写道："我只做一件事——努力完美。如果我只是大雨中的一颗小水珠，至少我要努力使自己成为最完美的一滴；如果我是六月的一片树叶，至少我要努力使自己成为一片鲜绿的叶子。"

追求完美是我们人类的一个优点所在，几千年来的文化史上也都一一证明：凡是出人头地的成功者，他们做事时，无论大事小事，都竭尽全力，力求达到最佳境界。只有这样，机遇才可能垂青于他，成功才可能离他越来越近。

但是生活并不像我们想象中的那样美好，有很多的东西受到客观环境、人为因素、时代局限等的限制，即使做出百倍的努力也很难达到想象中的至善至美，在我们筋疲力尽的时候，在现实与理想的差距面前，我们中有很多人又开始了悲观失望、愤懑不平，觉得自己的勤奋努力得不到上天和命运之神的垂青，由此陷入沉沦和自暴自弃当中，学着颓废的诗人一样浅吟低唱"白日放歌须纵酒"之类的话语，以一时间的痛快来麻醉自己，从而荒废了人生，错过了每一天的阳光和星空。

爱因斯坦出生于1879年3月14日的德国一个叫乌尔姆的小城里。父母给他起这个名字寄托了全部的希望和祝福，渴望这个孩子将来能够有自己的一番事业。然而，几年之后，父母就对这个孩子的表现非常失望。邻居的孩子都开始学说话了，三岁的爱因斯坦还在咿呀学语，嘴里根本就说不出一个清晰的单词。直到比他小两岁的妹妹能够和邻居交谈的时候，爱因斯坦说起话来却还是支支吾吾，前言不搭后语。看着反应迟钝的爱因斯坦，父母忧心忡忡，担心他们的儿子的智力是否不如一般的孩子。

爱因斯坦 10 岁的时候，父母才把他送去上学。在学校里，爱因斯坦因为表现得过于呆板而受到了老师和同学的嘲笑，大家都称他为“笨家伙”。在一次的工艺课上，老师从学生的作品中挑出一张做工相当粗糙的木凳对大家说：“我想，世界上也许不会有比这更糟糕的凳子了！”孩子们听了哄堂大笑，他们嘲笑的眼神像一支支的利剑射向爱因斯坦。但爱因斯坦红着脸站起来说：“我想，这种凳子是有的！”老师和同学们都感到很惊讶，只见他从课桌里拿出两个更不像样的凳子，说：“这是我前两次做的，交给您的是第三次做的，虽然还是不行，但却是我尽心尽力的作品。”他的话讲完之后，老师的脸红了，觉得从内心对不起这个看似迟钝却做事尽心尽力的学生。

后来爱因斯坦在物理学上有了很大的成就，发表了《相对论》等多篇具有划时代意义的科技研究成果，成为继牛顿之后最著名的科学家。这些成果的取得，除了他在物理学上的天赋之外，和他那种发愤图强，耐心细致尽心尽力的工作精神是分不开的。

我们只是普普通通的人，在浩渺的宇宙中，人类的力量弱小到了微乎其微的地步，所有的科技进步、社会发展、文化灿烂、经济腾飞，改善的也只是我们自身的生活环境和物质条件而已。对于我们所寄身的星系来说，并没有多少的改变。人生中，不能做的事情太多，我们没有理由去过多地苛求自己。有句话说：“人生其实就是一场几十年的借宿。”那么，在这短暂的时间里，我们没有理由让自己生活在压抑与痛苦中，把心态放宽一些，追求卓越的同时不要忘记欣赏周围的风景，不要为做不到尽善尽美而遗憾，只求做到尽力而为就可以了。

当遇到事业坎坷时，切莫垂头丧气

这是一个充满竞争的时代，竞争之中难免会出现输赢。我们中的有些人会在竞争失败或者工作不见起色时认为自己毫无优点可言，从而在自卑心理的作用下终日愁眉不展、闷闷不乐，甚至觉得天色惨淡，日月无光。其实，人的智力大致都是一样的，除了极个别的天才之外，智商水平的差别不是很大的。这个世界上，没有任何人天生注定就要失败。人们之所以有着风光无限和碌碌无为的分类，除了先天性家庭出身条件优越之外，更多的则是取决于个人的心态。再者，含着金钥匙出生的人，或许有着一时的风光，但未必能够保持终生的富裕。

一个人是从来不会被打败的，能打败他的也只有他自己。假如我们总是觉得自己是一个笨拙的人，经常面临着不幸，自卑到无以复加的地步，那么，就真的永无出头之日了。其实，我们也一样可以取得别人所取得的成就，怕的就是没有这方面的信心而已。黑人运动员萨•佩奇说过：“没有人能避免自己是天生的普通人，但也没有任何人注定就是平庸之辈。”面对现实的不公平，存在抱怨的心理正是说明了我们不甘心于平淡的生活，假如我们能够正确地运用这种心理，那么它就会转化成一股强大的精神力量，去激励着自己创造美好的未来，让生活过得更加多姿多彩。

公元前202年，为庆贺楚汉战争的胜利，汉高祖在宫廷里大设宴席与群臣欢聚。席间，汉高祖说：“今日畅饮时诸位不要隐瞒，尽管直说，我与项羽相比为什么我能得天下而项羽失天下？”王陵答道：“项羽待人傲慢无礼，陛下对人仁慈尊敬；陛下以利让人，派人攻城略地，凡攻占的地盘，陛下就用来赏赐有功之人；项羽嫉贤妒能，战胜不酬有功之人，得地不与人分利并且迫害功臣，所以项羽失天下。”高祖说：“得人心者得天下，失人心者失天下这是一方面。另一方面，重用人才得天下，排斥人才失天下。对我来说，运筹帷幄之中、决胜千里之外不如张良，治理国家、安抚百姓、保证作战物资源源不断地供给不如萧何，统率百万大军攻必克战必胜不如韩信。张良、萧何、韩信，都是当世杰出人才，我都一一重用；而项羽只有一个人才范增，还排斥不用，项羽这个孤家寡人怎会不被我擒杀呢？”群臣听了这番话，茅塞顿开，点头称是。

当初看到秦始皇巡游的队伍，只是一个小小亭长的刘邦发出“大丈夫当如此”的感慨，那种内心的自信超越了很多人的想象范围，刘邦从一介布衣而登上天子之位，并不是天命所归，而在于他的那种自信精神，能够了解自己优秀与别人优秀的地方。这些，都是有些狂傲自大且缺乏自知之明的项羽所不可比的。尽管项羽出身于贵族，但最终却因为自高自大而失败，自刎于乌江河畔。

相传宋代大文豪苏轼和佛印禅师是好朋友，两个人经常在一起谈经论道。有一次两个人坐在一起参禅，苏轼忽然问佛印：“你看我是什么？”佛印说：“我看你是一尊佛。”苏轼闻之欣欣然，好像自己真的成了佛一样。佛印又问苏轼：“那么，你看我是什么？”苏轼却想捉弄一下这位朋友，就说道：“我看你是一坨屎。”说罢放肆地大声笑了起来。佛印听后闭上眼睛摇了摇头，轻轻地笑了一下就再也没有作声。苏轼自以为占了大便宜，很得意地跑回家去见苏小妹，向她吹嘘自己今天如何用三寸不烂之舌难为住了这位大师。苏小妹听了直摇头，戳着他的脑袋说道：“哥哥，今天占便宜的可不是你，你的境界也太低了，佛印心中有佛，看万物都是佛。你心中有屎，所以看别人也就都是一坨屎。”

我们从这个故事中也可以看出，物象只是精神世界的反映。更可以这样理解，境界高的人总会发现美好的东西，境界低的人看待事物都是阴暗和丑恶的。

“天生我材必有用”是李白的著名诗句，这句话可以拿来让我们做座右铭。当遇到生活的不顺心、事业的坎坷挫折时，没有必要垂头丧气，世界上的每一个人都是独一无二的，没有必要觉得事事不如人，克服掉自卑的心理，那么人生的大放光芒和异彩纷呈就会不远了。

世界总是张开双手，准备接纳英才

生活中不少的人是具有使命感和责任心的，但努力的结果未必能够如愿，百思不得其解之际，难免会感慨着自己的能力不及。我们也经常可以看到有才华的人做起事情未必得心应手，屡屡碰壁之后，抒发着明珠暗投的悲伤感慨。

每个人都是一座未开垦的金矿，成功与否在于勤奋背后的热情和自信。是金子，放在瓦砾堆中也照样发出耀眼的光芒。困难的羁绊、现实的苦恼，反而会更加反衬出进取的可贵。我们缺乏的常常不是脚踏实地的奋斗，而是火焰般的激情和应有的自信。如果我们坚信是金子总会发光，在工作中以满腔的热忱去做哪怕是最平常的工作，也会走向事业的巅峰。如果缺乏信心，用一种悲观冷淡的情绪去做不平凡的工作，最终依然会停留在人生的低谷中。

是金子总会发光，是金子永远也不会贬值。人生道路上，我们可能会饱受各种不幸和挫折，在这个时候，我们需要的不是崩溃退缩，而是更坚强的信心，相信自己就是闪光的金子，相信自己必定能够获得成功。

战国时，白起在长平之战中大败赵国，坑杀降卒四十万后，又率秦军包围了赵国都城邯郸。大敌当前，赵国形势万分危急。赵王命平原君去楚国求兵解围。平原君把门客召集起来，想挑选二十个文武全才的人一起去。经过几次三番地挑选之后，还缺一个人。门下有一个叫毛遂的人，向平原君自我推荐说："毛遂听说先生将要到楚国去签订'合纵'盟约，约定与门客二十人一同前往，现在还少一个人，希望先生就以毛遂凑足人数出发吧！"平原君说："先生来到我的门下有几年了？"毛遂说："到现在三年了。"平原君说："贤能的人士处在世界上，好比锥子处在囊中，它的尖端立即就要显现出来。现在，你在我的门下已经三年了，左右的人对你没有称赞过，我也没有听到别人对你的评价，这恐怕是由于先生没有什么才能的缘故。所以先生还是留在邯郸吧。"毛遂说："我没有露出锋芒是因为您没有把我放进囊中罢了，如果我早就处在囊中的话，就会像禾穗的尖芒那样，整个锋芒都会挺露出来，不单单仅是尖端露出来而已。"平原君心中称奇，便同意让毛遂和他一同前往楚国。其他随行的十九个人却在私下里一直嘲笑他。

到了楚国，楚王只接见平原君一个人。两人从早晨谈到中午，还没有结果。毛遂大步跨上楚王宫殿的台阶，大声地喊道："出兵的事，非利即害，非害即利，简单而又明白，为何议而不决？"楚王非常恼恨毛遂的无理，问平原君："此人是谁？"平原君答道："此人名叫毛遂，乃是我的门客！"

楚王喝道："你赶快出去！我和你主人说话，你有什么资格站在这里？"毛遂见楚王发怒，反而又走上几个台阶。他手按宝剑，对楚王说："如今十步之内，大王性命在我手中！"楚王心中恐惧，只好让毛遂坐下陈述他的观点。毛遂对出兵援赵的原因和对楚国的利害关系向楚王做了非常精辟的分析。毛遂的一番话，说得楚王茅塞顿开，决定立刻出兵援救邯郸。不几天，楚、魏等国联合出兵援赵，将秦军击退，使赵国转危为安。平原君回赵国后，待毛遂为上宾并感叹地说："毛先生一至楚，楚王就不敢小看赵国了。"毛遂的故事在邯郸城成为美谈。

有句谚语："世界总是张开双手，准备接纳英才。"在生活中，我们需要"天生我材必有用"的信念，相信自己的能力，以饱满的热情和舍我其谁的豪迈气概来面对生活、面对职场，必将能够到达胜利的彼岸。

这个责任是不是应该由自己来扛

在工作中，有太多无法预测的事情出现，当我们尽心尽力地面对工作时，却因为一些不是自身原因的失误而遭到老板和同事们的误解与批评，而这种误解的原因恰恰大多是因为自己的热忱与负责。在这个世界里，一个人的能力犹如金子一样珍贵，而在工作中对待责任那种舍我其谁的负责精神则是比金子还要珍贵许多。责任是一种与生俱来的使命感，体现着一个人的精神境界。可以断言的是，一个缺乏责任感的人，在工作中很难去细心认真地完成，也不愿意去承担工作失败之后所带来的后果，往往是一推了之，三十六计走为上计。在这个时候，那些敢于负责任的人，往往就会成为他们的替罪羊，平白无故地受到老板的斥骂和员工的唾弃，造成巨大的精神伤害。在这个时候，我们应该静下心来想一想，这个责任是不是应该有自己来扛，有没有必要去做替罪羊。

殷商末期，朝廷局势动荡不安。商纣王昏庸无能，宠信奸佞小人，排斥朝中的正人君子，常常通宵达旦地饮酒。有一次，纣王喝得昏昏沉沉，忘记了当时是什么日子，就问左右的人，而周围的人大部分也都喝得醉醺醺的，根本想不起来，没有办法回答纣王的问题，就推说这件事应该去问箕子。当使者前去询问箕子的时候，箕子对他的家人说："身为一国的国君，却让一国的人们都忘记了日期，这是一个很不吉利的征兆，殷商六百年的江山看来是要完了。而整个国家的人都不知道日期，只有我自己明白，势必会给自己带来杀身之祸，我还是不要去做纣王的牺牲品了。"于是就对使者说自己最近经常喝醉，忘记了今天是什么日子，从而躲过了一场灭顶之灾。

让我们再看另一个例子。

1900 年，八国联军攻占北京城，慈禧太后仓皇逃跑。为了维持风雨飘摇中的清朝政权，只能忍辱吞声向列强求和。当时有资格去和各国列强谈判的人有李鸿章、张之洞、刘坤一、荣禄等人。和各国签订合约势必会损失中国一部分的主权和经济利益，会引来中国人民的痛骂，落一个汉奸或卖国贼的名称。因此，张之洞推说身体有病，刘坤一推说年迈昏聩，荣禄则说忙于平定义和团之乱，想着法子不接这么一个烫手的山芋。这个时候，慈禧太后只能请李鸿章出马了，而此时的李鸿章已是日薄西山、风烛残年，完全有理由不去北京和诸列强议和的，但是本着对朝廷的忠贞，还是在秋风萧萧中上路了。经过几个月的周旋谈判，绞尽了脑汁才和列强达成协议，签订了让国人深恶痛绝的《辛丑条约》，李鸿章也被永远地钉在了历史的耻辱柱上，永世不得翻身。尽管他率先发起了洋务运动，建设了第一支近代化的军队，修建了中国第一个火车站，引进了中国的第一台电报机，促进了古老中国的近代化进程，但是这些都被人们忘记了，对他的了解只是“卖国贼”三个字，李鸿章也因为《辛丑条约》的签订而死不瞑目。

在心理学上，有个“心理暗示”的概念。其实我们选择对待困难或问题的态度，就是一种很强的心理暗示，这种心理暗示会在潜移默化中影响我们的行为，左右我们的成败。逃避责任是一种消极的心态，承担责任则是积极的心态。但很多时候，这种积极的态度会导致费力不讨好的下场。中国有一句谚语叫作“枪打出头鸟”，责任心强的人，往往会因为一时的热心肠而成为牺牲品。因此，在这个时候，我们要多一个心眼，该缩头时且缩头。这不是躲避，而是一种明智，是对自己的保护。猫头鹰尚且懂得睁一只眼闭一只眼，更何况身为万物之灵长的我们呢?

相信自己属于王者，困难就会向你俯首称臣

我们生在一个处处充满竞争的时代，沉重的工作压力成了这个时代共同的话题。在报纸上经常见到大学生就业形势严峻的报道，社会上对这种现象众说纷纭，其实，这是因为就业人口供大于求的社会现状所导致的一种严峻现实。有些人看到这些报道时，会暗自庆幸目前自己还拥有着一份可以养家糊口的职业，有些人则因为刚刚辞职在家，看到这些报道之后更加感到悲观和厌倦。其实，这完全走入了一个误区。我国的就业形势，并非媒体渲染的那样严峻，每个人都有发挥自己特长的机会，而其中的区别，

取决于一个人的心态。暂时的困境，只是在证明自己处在龙游浅水、虎栖平阳的状态，经过一番的休息和调整，然后积极地去面对那些困难的时候，一定能够找到自己的用武之地。即使是偶尔的几次碰壁，证明的只不过是“好事多磨”这个亘古不变的道理而已，完全没有必要去为所谓的前途渺茫而悲戚流泪。

杜冬梅是一个来自西部穷苦山区的女孩，封闭的大山和树林溪水构成了她的生活环境，对山外的世界一无所知。由于家庭条件困难，初中毕业后，杜冬梅不能和其他人一样选择通过高中而考上大学的成才道路，而是选择了一所中专的文秘专业，两年之后就毕业了。在这个学士、硕士满天飞的时代，只有中专文凭的杜冬梅简直算不了什么。当她拿着中专毕业证四处奔波找工作的过程中，遭到了不少蔑视的白眼，听到了很多侮辱的话语，应聘文秘工作，简历投了上百份，都像石沉大海一样，毫无音讯。处处碰壁之后，杜冬梅本想和村里其他女孩一样回到山里过那种面朝黄土背朝天的生活来了却余生，但是又不甘心终生的平庸和默默无闻。万般无奈之下，杜冬梅选择了一家流水线工厂做了工人。每当下班之后，都感到浑身酸痛、疲惫不堪，很多工友都倒头便睡，而杜冬梅却拖着疲惫的身子埋头苦读，就这样坚持了两年的时间，最终通过自考考取了高级文秘证书。

杜冬梅带着希望和信心来到了另一个比自己家乡更为发达的城市。尽管求职的过程坎坷不平，但是她还是凭着自己的坚韧和能力，应聘到了一个文秘的职位。工作是找到了，但由于是自考文凭，那些全日制大学毕业的同事们对这个“山寨大学生”却没有认同感，经常会不经意地流露出对她的轻视之意。杜冬梅暗下决心，一定要用自己的实力来证明自己。

有一次，一个大客户来公司和老总谈一项业务，但是不知是哪个环节出现了问题，该客户的态度变得很不友好，准备放弃这次交易。老总脸色因此十分不好看，大家都心想这个业务是泡汤了，这时杜冬梅把话题接了过来。老总本以为杜冬梅只是在帮他打圆场，挽回点儿面子，谁知杜冬梅话锋一转，通过有力的数据证明和战略分析，把客户说得频频点头。最终，将这项业务的合同签了下来。

在客户走后，公司里响起了雷鸣般的掌声。同事们对杜冬梅刮目相看。后来，老总把她升为总经理助理。

在山林中，只要听到虎啸的声音，大大小小的动物都会拔腿而逃，这就是王者的力量。给自己一些信心，相信自己属于王者，那么，所有的困难就会向你俯首称臣，成功的桂冠就会在不远处静候着你的到来。只要我们以积极的心态对待自己，发奋学习、不断提升，对工作保持着一份认真和热忱，树立自己的形象，相信总会遇到慧眼识英才的伯乐来承认你、接受你，届时，你的事业发展就会畅通无阻了。

把跳槽当成一个飞跃的过程

职场生活中，跳槽是一个不可避免的话题。当我们为一个没有前景的企业而费尽心血却不能让它起死回生时，当我们在一个企业里工作只能够得到些许的薪水而没有更大的收获时，压抑的内心中总是充满了矛盾，一方面为浪费才华心血而感慨，另一方面觉得心又不甘，想换一个工作，但又怕得不偿失。十字路口下的抉择和徘徊，让我们多少次从梦中醒来，望着窗外黑蒙蒙的夜色发呆，多日的焦虑让自己抑郁成疾、食不甘味，寝不能寐。这些痛苦和烦恼其实是没有必要的，单位的空间有限，企业已经走进死胡同，或者个人不适合这个工作，在这个时候，你是不是考虑一下跳槽呢？

或许有人在高唱“好员工不跳槽”，但万事不能一概而论。中国有句俗话“树挪死，人挪活”，面临着工作乏味、收入不理想、环境压抑的现状，就勇敢一些，另寻明主吧。如果不是跳槽，三国时的庞统或许就终老于东吴的一个小吏的职位上，后人也就无法知道卧龙凤雏的故事了。

何宁中学毕业之后做了卖啤酒的工作，从刚开始卖啤酒的时候，他问过别人能不能一辈子都做卖啤酒的工作，别人反问了一句：“为什么不能呢？”何宁的心里就觉得这是一个可以长期从事的职业，对将来的目标也就确立为卖啤酒。起初，他为一位卖啤酒的朋友干活，接着又为一位啤酒批发商工作，后来还合伙办起了自己的批发业务，做这项工作对何宁来说是非常累的，但他仍卖力地工作着，尽管这并不是出自热情，用他的话说就是：“过去我一直卖啤酒，除了这个别的我什么也不会呀。”

后来，何宁在他所在的城市里拥有了自己品牌的啤酒厂，但由于当地的啤酒需求量大幅度减少，何宁所在的公司每个月的业务也越来越少。何宁绞尽脑汁想方设法让公司起死回生，但是生意却越做越糟，在这种情况下，他还在幻想着用自己的力量去挽救败局，可是回天乏术，最终公司倒闭了。

破产之后的何宁心情十分苦闷，他是一直不愿意改行的，毕竟十余年来，他所从事的工作就是卖啤酒，除此之外他真不知道自己能够做什么。但是目前的状况却是卖啤酒已经没有了出路，一时间他感到非常急躁，越来越容易发脾气。

有一天，他去参加了一个同学聚会。发现很多人都有了自己的成就，事业做得风生水起。有人开起了修车厂，有人当上了公务员，还有成为公司的主管，相比之下，何宁觉得自己比较狼狈。他的同学听说他现在的遭遇之后，在同情之余又感到迷惑不解，觉得像他这种组织能力、交际能力都比较强的人是不应该如此悲惨的，于是纷纷劝慰他，并为他出谋划策。大家的帮助让何宁猛然觉悟了，知道自己在一些方面的特长，抛弃了自己原来的自暴自弃的想法。

回来之后，何宁开始仔细地观察分析，了解各个行业的情况，总结、寻找有前途的职业，比较之后，再根据自己的实际情况来分析想干什么、能干什么。最后，何宁选择了销售行业。在进入一家销售公司后，何宁做起工作来可以说是游刃有余，没多长时间就为公司带来巨额的利润，获得了同事们的尊重和爱戴。何宁的改变给他带来了巨大的成功，这种成功是他从事卖啤酒时所永远无法获得的。

对此，何宁深有感触地说："失败虽然会带来短期的苦恼，但同时也提供了一个转折的机会，假如我依然用卖啤酒的思维来看待未来的话，现在只会在死胡同中痛苦挣扎。"

在这个世界上，有不少人从事着与自己格格不入的职业，因此失败的例子也举不胜举。在职业生涯的选择方面，遇到些挫折未必就是坏事，那样的话能够更加全面地认识自己，从而更好地扬长避短，并为自己的人生进行更加合理的规划。跳槽，并不只是代表着浮躁和不安分，在很多情况下，这是一个人对自我认识提升后的飞跃。找到了适合自己的位置，离成功也就越来越近了。

第三章

再亲密的友情，也经不起你的肆无忌惮

人与人之间的交往，应以自然为宜

对很多人来说，朋友是承担道义的铁肩，是谱写成功篇章的妙手，是事业上提供机遇的源泉。当挫折来临时，朋友会伸出有力的大手来帮助我们走出困境。哪怕是朋友漫不经心的一句话，也会给我们带来难得的机遇。

在日常的交际中，我们应该珍惜弥足珍贵的友谊。在困惑的时候，应与朋友多交流，尽早走出心理的阴影。人与人之间的感情，不正是在这些多次的沟通中才形成的吗？当互通信息、互相交流、经常接触之后，朋友之间才能保持良好的关系。在交往中，彼此之间才能够有更深的了解，才能够做到亲密无间。

但是，我们最应注意的是不能因为双方的亲密无间，而忽视了朋友作为一个正常人的独立性和个体性。每个人都有着自己的性格和独特的人生经验，对待同样的事物、同样的事情，不同的人都有着不同的感受和认识。我们应该注意感受别人的喜怒哀乐，而不能将自己的意愿强行地加到对方的身上。多倾听朋友的想法，尊重朋友的感受，这样才能使我们的友谊之树散发永久的生命力。铁哥们也有左右为难的时候，不能太勉强对方的意志。

赵辉和宋健是一对有着 20 多年友谊的好朋友，两个人亲密程度用别人的话说是“穿一条裤子都嫌肥。”赵辉听说宋健的亲戚在人事局任局长，便找到宋健，希望能通过宋健的亲戚把他从农村调回城里工作。宋健虽然犹豫，但还是答应了。宋健找到他的亲戚，亲戚说这有违国家政策规定，无法办理。宋健告诉赵辉这件事实在是无能为力。但赵辉却认为是宋健是故意不帮忙，当场就拉下脸说：“你太不够朋友了，这么一件小事都不愿意帮忙。”说罢扭头走人。宋健感觉自己费力不讨好，心里很不是滋味。他原以为自己已经尽力，没有功劳也有苦劳的，不承想落下一顿埋怨。本来，他还想再通过其他关系来帮助赵辉调回城里，但又怕第二次失败后，赵辉的口中再说出些让他伤心的话来，只好作罢。两个人之间的友谊也因为这一点儿小事而破裂了。

当有事需要求朋友帮忙的时候，应该考虑朋友的感受，不考虑朋友是否情愿和有无难处，这样无形之中就会破坏双方之间的友谊。在需要朋友的帮助时，应该采取商量的口吻，尽量在朋友情愿或者力所能及的前提下提出要求，这样不仅使事情得以圆满解决，又不会伤及对方的感情，从而维持两者之间的友谊。

老王和老赵在当兵的时候就成了无话不说的好朋友。老王复员后去了县公安局工作，几年之后成了公安局的副局长，用别人的话说，在小县城里算得上手眼通天的人物了。老赵由于生意上的原因，隔三岔五会找老王来帮忙，在法律政策允许的范围内，老王都会尽力而为。有一次，老赵的儿子因盗窃罪被拘留，并很可能被判刑，老赵来找老王帮忙。只要是老王说上一句话，老赵的儿子就会少坐一年半年的牢。老王是个原则性很强的人，有违党纪国法的事绝不肯做，老赵的请求理所当然地被老王拒绝了。

身为朋友，应该深知对方的为人。老赵请老王帮这个忙是强人所难，违背朋友的做人、处世原则的事，根本不应该向朋友开口。每个人都不是有求必能办到的神仙，能力都有限，提出他人能力所不及的要求，是对他人的伤害。

人与人之间的交往应该以顺其自然为宜，这样双方都会觉得没有压力，这才是人际交往的理想境界。提出让别人为难的要求，说明你对别人的期望过高，这本身就是一种压力。过重的压力之下，会让对方感到窒息和为难。最好的选择，莫过于理性地处理，给对方留有回旋的空间，这样既不伤害朋友之间的感情，还能让自己有一个良好的心态。

再亲密的友情，也经不起你的肆无忌惮

世界上从来没有两片完全相同的树叶，也没有两个完全相同的人。每个人都有着与其他人不完全一样的爱好、性格和思想。人们本来就是互不重复的个体，性格也各有特点。朋友只能和我们志同道合，在对待事情的分析和选择上却无法做到和我们永久一致。

在日常生活中，一些人往往因为是朋友的关系而不注意对方的感受，比如在物品的处理中常常以为“朋友间何分彼此”，对朋友之物，在未经许可的情况下擅自使用，不加爱惜，或许对方不好意思指责，但时间久了会认为你过于放肆而产生防范心理，无形中产生隔阂。实际上，朋友之间除了友情，还有一种微妙的契约关系。朋友之间的物品可以随时借用，这是超出一般人关系的地方，然而要有这样一个观念：这是朋友的东西，更当加倍珍惜。不仅物品如此，其他方面也是同样的道理。

在交往中，要坚持有节制、有理智的原则。朋友关系的存续是以相互尊重为前提的，容不得半点儿强求、干涉和控制。朋友之间再熟悉、再亲密，也不能肆无忌惮、毫无原则。这样，默契和平衡将被打破，友好关系

将不复存在。因此，对待朋友也要讲究必要的客气。经常设身处地地体会朋友的处境。

袁枚是一个比较乐于助人、富有热情的小姑娘，但是朋友们对她都敬而远之，搞得她特别郁闷。

有一次，袁枚的一位朋友穿着新买的西装参加聚会，别人都笑着恭维说："您今天真精神啊！"可是袁枚却在那里大声地喊道："大哥，您这是新买的衣服吗？那你可让人家给骗了！这款是去年流行过的啊！"话刚落音，那个朋友的脸色难看到了极点，别人也都感到很尴尬。聚会临近结束时，一位朋友写下自己的联系方式，别人都在夸奖他的字写得好看："您的签名可真气派，有空的时候给我写个条幅吧。"袁枚又不识相地来了一句："能不气派吗？他可暗地里练了三个月了！况且这是他写得最多的字。如果写别的，估计就不是这样啦！"此言一出，全场的人都陷入尴尬之中，最后聚会不欢而散。

口无遮拦倒也罢了，更要命的是袁枚的性格过于急躁，做事过于心急，稍微有些不合意就发小姐脾气，让别人感到很头疼。小时候，袁枚就很没有耐心，她要的东西，必须马上就得到，否则就哭闹，弄得亲戚朋友都不喜欢她。上小学时，父母早晨都忙着上班，没时间给袁枚梳头，她只好自己梳，行动匆忙，有时落下一绺头发没梳上去，她就气急败坏地一把拽下来。袁枚的学习成绩名列前茅，同学遇到学习上的困难便向她请教。袁枚在认真讲解了几遍之后，对方要是还是没有听明白，她就不耐烦地说："怎么还不明白呢？不就是这样吗？你长的是猪脑子啊？"结果惹得同学很不好受，再也不愿意找她来探讨问题。袁枚也时常后悔自己的所作所为，但一着急就控制不住了。当别人要袁枚重复一下刚才讲过的一句话，她也会不耐烦地说："我都说过了，谁叫你没听？"袁枚做事也如此，比如：不是把同学的杯子弄破了，就是把别人的东西弄丢了；骑车有时急匆匆的，下车就走，忘了锁，为此已经丢了两辆车；跟朋友争论问题出不了结果，就会发怒:“算了，我不跟你吵，急死人了。”跟朋友一起走，假设朋友走得慢，袁枚就不耐烦地说:“快点，这么磨蹭，麻烦死了。”就这样，朋友们一个个都离袁枚而去，尽管她很热心，但谁也不愿请袁枚帮忙，她也只好生活在孤独之中了。

某学者曾经说过:“如果你想拥有一个成功的秘诀，那么这个秘诀就肯定是如何站在对方的立场上考虑问题。”站在对方的立场上想问题，是获得成功的技巧。为朋友着想，能够让对方获得尊重，从而在内心里感激你，进而使友谊天长地久。总之，只有为别人着想了，别人也会更多地考虑我们的处境和利益，最终得到实惠的还是自己。

相互信任，做到彼此之间毫无信任可言

在和朋友的交往中，由于自身或者外来的原因，双方之间可能因为一点儿小的摩擦而相互之间产生猜疑。如果朋友之间因为猜疑而发生了误会，万万不可疑神疑鬼，务必保持头脑的清醒，想一想这种交情是否能够承受这次误解的冲击力。也就是说，应尽量站在对方的角度想一想，寻找消除误会的办法，越是发生了误会，越要珍惜彼此的感情，要仔细权衡和对方的交情，切忌意气用事，努力消除双方存在的疑问。朋友之间的交往，最重要的是彼此的诚意和相互之间的信任，如果相互之间缺乏信任，只有猜疑，相互提防，那么，就会失去友谊存在的土壤，最终会造成分道扬镳，

如同路人。

世间没有绝对的对错之分。对与错，只是一个人具体的价值判断。当朋友无意之间伤害到了自己，应该站在朋友的角度上去理解。如果处处计较、横加指责、眼睛之中容不得半点儿沙子，既不能维持双方得之不易的友情，更会干扰自己的正常生活。对朋友的猜忌，或者因为自己的心胸狭隘，或者是因为对朋友缺乏了解，在这个时候放宽心胸是最重要的选择，把所有的不愉快都抛在脑后。要相信朋友有着自己的苦衷，做到彼此之间毫无芥蒂可言；相信朋友对自己的伤害是无意的，从而用一颗轻松愉快的心去面对。

对待朋友无意间的伤害，要拥有一个宽阔的胸襟，消除心理的阻隔，化解这一段不愉快的幽怨，这样才能维持一份友谊和感情。宽容的是别人，升华的将会是自己。

两个从战场上下来的战士，在森林中迷失了方向，他们在互相鼓励和安慰中艰难跋涉，而食物只有一只打死了的鹿。在艰难度过几天之后，鹿肉已经所剩不多了。这一天，在森林中发现了敌人，两个战士在极端的疲惫中准备战斗。这时候，突然一声枪响传来，走在前面的战士中枪倒地，后面的战士惶恐地跑来，抱着受伤的战友泪流不止，撕下衬衣包扎他受伤的肩膀。两个人在森林中躺了一夜，尽管饥渴难耐，但是谁也没有去动那一点儿鹿肉。朦胧中，未受伤的战士在喃喃地呼喊着母亲的名字。

30年后，受伤的战士安德烈说：“当我的战友前来抱住我的时候，我碰到他的那支枪管是热的，就明白了是他开的枪。当时我就不明白，为什么生死与共的兄弟会下如此毒手？但是当我晚上听到他在喊母亲的声音时，才知道我的朋友是为了母亲而活下来的，也是为了母亲才向我开枪的。战争的残酷使他不得不如此，所以我也就原谅他了。此后的几十年里，这件事我从来没有开口提起过。终于有一天，他跪下来请我原谅他，我却阻止了他向我的忏悔。因为这件事的根源，还是那场惨无人道的战争。我宽容了我的朋友，也得到了一份几十年的友谊。”

英国作家曾经说过：“我所收获的，正是我所种植的。”面对朋友的无意伤害时，我们应该考虑的是朋友的含义和这份友情的来之不易。如果不是朋友在生活、工作或者做事情上的帮助、关心、鼓励和支持，我们会拥有今天的成就吗？在中国，友善是做人的根本，也是处世的学问。古人云：“投桃报李。”既然朋友对我们进行了无微不至的帮助，那么当眼前出现一点儿小过节的时候，我们没有理由挥拳相向，而是应该设身处地地为对方想一下，毕竟，一般情况下朋友是不会故意伤害你的。

朋友之间的相互信任就是要学会包容，有时包容朋友对自己的伤害，同时也快乐着自己。朋友的伤害，通常只是一个无心的错误，既然这样，就让一切不愉快都随风而去吧。计较过去的是是非非和生活中的琐碎小事，都是不必要的。昨日的乌云已经过去，那么就静下心来等待今天美丽的日出吧。

每个人都不完美，我们不能求全责备

生活中，每个人都会有生气愤怒的时候，和朋友的交往中并不是每时每刻都在温馨中度过的。当我们与朋友之间发生分歧的时候，很可能会愤怒地发火、谩骂或者训斥，这样的做法是丧失理智的选择。两个人出现摩擦是在所难免的，假如用充满火药味儿的语气和声调对待朋友，对方未必会产生自责的心理，就连本该有的一点儿愧疚和分担痛苦的心理也会不会产生。人都是爱面子的动物，因此在拼命维护自己的面子时，千万不要忽略了别人的面子。面子的属性和物理学中的力一样，是相互的。马斯洛曾经说过：“人有被尊重的需求与自我价值实现的需求。”给人留足面子是对人最基本的尊重。如果不给对方留足面子，那么，自己的价值也将无从体现。

有一个人死后见到上帝，恳求上帝让他去参观一下天堂和地狱，以便在比较之后作出决定，选择自己的最终归宿。上帝答应了，让天使带着他首先来到了地狱。令他吃惊不已的是，地狱并非想象中那样群魔乱舞、肮脏不堪。地狱里的午餐异常丰盛，桌上摆满了蔬菜水果、肉类、色拉等美味佳肴。可是，在桌子四周的人却没有一张愉快的笑脸，也没有音乐的伴奏和丝毫的欢乐气氛。每一个人都是无精打采、愁眉苦脸、瘦骨嶙峋，好像一阵风吹来就会倒在地上再也爬不起来一样。每个人的左臂上都捆着一把叉，右臂绑着一把刀，而刀叉又都有四尺长的把手，远远超出了身子与桌面的距离。因此，尽管饭菜很丰盛，但是都无法用刀叉送进自己的口中，他们也只能眼睁睁地忍饥挨饿。

从地狱走出来，此人又去了天堂。结果，天堂的景象和地狱完全一样——同样的食物、刀、叉和那些四尺长的把手。所不同的是，地狱里的每个人都是想着如何喂自己，然而，拥有四尺长把手的刀叉根本不可能把食物送到自己嘴里。而天堂中的人却都在喂对面的伙伴，同时也津津有味地吃着对面的人喂来的食物。因为他们彼此互相帮忙，结果也帮助了自己。

因此，在整个吃饭的过程中，天堂里到处充满了欢快的笑声和歌声。每个人的脸上都神采飞扬、如沐春风。原来，天堂和地狱的区别不是物质的差距，而是精神的不同。

人之所以不快乐，很大程度上取决于心胸狭隘，而心胸狭隘归根结底，是过于考虑自己的感受，而不能转换角度去考虑别人的感受。天堂的人之所以快乐，是因为他们拥有一颗感恩关怀之心，能够做到彼此之间的帮助与关怀。地狱之所以是地狱，是因为那里的人缺少这一份应有的感恩之心。

赤壁之战中，关羽在华容道中放走了曹操是家喻户晓的故事。身为刘备的兄弟和心腹，为什么会在这场战役中这样做呢？这就要追溯到建安五年（公元 200 年）正月，当时，曹操亲自征讨徐州，攻陷下邳，刘备逃走。关羽为了保全刘备的两位夫人，被迫投降。曹操十分欣赏关羽的智勇双全，想将其纳入帐下，因而将关羽照顾得无微不至，同时拜其为偏将军，封汉寿亭侯。后来关羽打听到了刘备的下落，便从曹操大营中离开，一路过关斩将前往刘备处去了。曹操手下的将士闻后，要去追赶，曹操劝阻说："各为其主，勿追也。"正因为曹操先前对自己的至仁至义，所以一向视义气为生命的关羽在关键时刻放走曹操也是在情理之中了。关羽的知恩必报，义薄云天，正是被后世王朝追封为"武圣"的原因，他的精神成为后世人的榜样。

每个人身上都有这样或那样的缺点，我们不能求全责备、苛求朋友要十全十美。这个道理看起来很简单，但是实施起来却是不容易的。假如和朋友之间出现不愉快的时候，多想一想朋友的好处，这样就能心平气和，也不会为一些无所谓的小事而劳神伤心了。对朋友多存一些感恩之心，我们的心境才会更坦荡，胸怀也将更开阔。

谁想在困难中得到援助，就应在平日待人宽厚

人和人之间需要融洽和谐的关系。从来没有一个人可以脱离群体而单独存在。亲密无间是我们每一个人的理想境界，然而，事情并不总是我们想象中的那么完美。假如，我们听到朋友一两句不中听的话而不能忍受，或者因为朋友的一时疏忽而造成自己心里的不痛快时，需要做的应是忍耐，而不是冲动。如果动起肝火，使言行变得冲动和冒失，从而失去多年的朋友，将会是一件十分悲哀的事。作家纪伯伦说过：“人有两颗心，一颗心用来流血，一颗心用来包容。”对待一些小的纠纷，用一颗包容的心态去面对，化冲突为祥和，得到的不仅仅是皆大欢喜。

朋友之间难免会出现一些小小的纠纷，只有忍耐、理解和包容才能够维持长久的友谊，同时做到将心比心，这样就不会再为所谓的“不够朋友”的行为而怒火中烧了。当抱怨别人难以相处的时候，要多想想自己是否一毛不拔；当要求别人出手相帮的时候，要多想想自己是否能及时回报。不满意于别人的不能容忍时，也要多考虑一下自己是否言语激烈。我们不能处处为自己着想，因为朋友的含义中包含着相互的因素，如果一味地自私自利，恐怕此生再也无法找到知心朋友了。俗话说：“知亲同苦乐，慧者当狎习。”如果我们是一个同苦乐、有智慧的人，那么别人一定愿意接近并和我们保持一定友谊的。

杰斐逊和亚当斯是好朋友。两个人在美国的独立战争和《独立宣言》的起草中发挥了重要的作用。亚当斯做总统期间，杰斐逊作为副总统成为

了他的亲密伙伴。由于亚当斯的政绩平平，在1800年的总统大选中败给了杰斐逊。

杰斐逊在就任总统之前，特地来到白宫拜访亚当斯，对这次总统竞选的事情想向他解释一下，并希望那些针锋相对的竞选活动能够不影响两者之间的友谊。然而，杰斐逊还没有张开口的时候，亚当斯的愤怒就像火山爆发一样，他咆哮着说："是你把我赶走的！是你让我丢尽了脸面！"杰斐逊只好从白宫退回，从此之后两个人在很长时间里没有说过一句话。

后来，几个他们共同的朋友看望亚当斯，希望能够调和他们之间的矛盾。这位倔强的人仍然在重复着那件不堪回首的尴尬往事，但讲完之后又出口说出这么一句话："我是一直都喜欢杰斐逊，现在也是非常喜欢他！"当朋友们把这句话转告给杰斐逊的时候，杰斐逊十分感动，表示愿意和亚当斯重新讲和，并当即给他写了一封情义深重的信，让亚当斯知道这几年里他一直没有忘记两个人的友谊。亚当斯读到后，又给杰斐逊回了一封信，说让所有的不愉快都成为历史，一切都重新开始。从此之后的几年间，两个人留下了几百封被称为美国历史上最伟大的书信往来。杰斐逊和亚当斯高尚的人格和可贵的精神，告诉了人们如何去面对朋友间的恩怨，成为后人学习的榜样。

让我们再来看一个故事。

吉伯和马沙两个人一起去旅行。当他们来到一个山谷时，马沙失足滑落，差点儿掉进悬崖，幸亏在吉伯的拼命帮助下才幸免于难。马沙上来后，就在附近的大石头上刻下了："某年某月某日，吉伯救了马沙一命。"又过了几天，两个人来到一条河边，吉伯与马沙为了一件小事发生了争执，性情急躁的吉伯一气之下打了马沙一耳光。马沙就在沙滩上写下："某年某月某日，吉伯打了马沙一耳光。"

旅行归来后，吉伯问马沙："当我救你的时候，你把事情刻在石头上，当我打了你一耳光，却为什么记在了沙滩上呢？"马沙回答说："我将永远感激你的救命之恩，所以就刻在了石头上。当你给了我一个耳光的时候，只不过是你的一时气愤罢了，随着沙滩上字迹的消失，我将会忘得干干净净的。"

谁想在困难中得到援助，就应在平日待人宽厚。把别人对我们的恩惠深深地刻在心底，将我们对别人的怨恨轻轻地用手拂去。这样，我们的人生才会快乐而有意义。几十年的人生路途，我们和朋友难免有些磕磕碰碰，既然这是正常的现象，那么就用一颗平常的心去对待吧。当义和利发生冲突时，孟子告诉我们要选择舍利取义，两者的选择对于大多数人来说或许是困难的，那么我们不妨这样想：朋友是一生的财富，是永远的利益，而眼前的利益，只是暂时的，图一时远不如图长久划算。与其让矛盾激化落到无可收拾的地步，不如选择包容，化干戈为玉帛，如此一来，不仅能消除一个潜在的敌人，还能保持一份淳朴的友谊。

事事包容，友谊的路越走越远

当我们要想交到信赖和爱戴自己的朋友时，就要有一个宽容的心态为前提。用光明磊落的心去宽容别人的错误。古人云："人情反复，世路崎岖。行去不处，须知退一步之法；行得去远，务加让三分之功。"世事难料，谁都有不如意的时候，朋友一时的背叛和冒犯，很可能是一种无奈。那么，这就要求着我们要用一颗宽厚的心去对待朋友，将不愉快都抛却脑后，在道义和行动上给朋友以有力的帮助。

如果太看重自己一时的丝丝缕缕的得失，一个人的目光就会逐渐麻木，心中留下大片的阴影。或许，朋友的错误成为见死不救的理由，但是，看到弱者痛苦呻吟的时候，如果连微弱的同情和丝毫的给予都不愿意拿出的话，只能说明一个人的自私和冷酷。对朋友的错误不必耿耿于怀，人非圣贤，孰能无过？每个人都有犯错误的时候。当朋友损害自己利益的时候，我们应该保持一种宽容的心态，这样，不仅仅使自己的灵魂得到解脱，同时一颗宽容的心也会拯救朋友堕落的心态。如果心里装的只有自己的利益和得失，那么，也将会堵死自己所有可能的路，自己的灵魂也将堕落，那将是一个十分可怕而又十分可悲的下场。

陈洪涛是一名专业的会计师，在朋友张新广的公司上班。有一次，为了凑齐炒股资金，陈洪涛便在公司的账本上做了手脚，使公司损失了几百万元，张新广心中十分苦闷，痛恨陈洪涛的卑鄙行为，于是向法院起诉，导致陈洪涛被判了刑。但是，张新广仍然觉得不解恨，每次醉酒之后都要痛斥自己瞎了眼和陈洪涛的狼心狗肺之举。陈洪涛知道自己害苦了老朋友，长时间来心里有着一种负罪感，出狱后，多次打电话向张新广道歉，而张新广听到是他的声音，不由分说，就把电话挂断。

张新广的妻子多次劝说他要宽宏大量，不能因为朋友一时的错误而耿耿于怀，何况当初如果没有这位朋友的帮忙，他们的公司也不会有如此大的规模。再者，陈洪涛是财会方面的人才，对他的生意还是有很大帮助的。张新广知道妻子说得很有道理，但是想到陈洪涛让他损失的几百万元，又觉得没有必要和这位盗贼一样的朋友继续交往下去。因此，当电话再次响起的时候，张新广还是没有心思去接。

几个月的时间里，张新广一直在矛盾中苦恼着挣扎着。一会儿觉得应该原谅陈洪涛，毕竟他是一个专业的会计师，过去没少帮过自己的忙，一会儿又想，应该给这个吃里扒外的家伙一个狠狠的教训，如果再让他来岂不是引狼入室吗？后来，他的一位心理医生朋友告诉他：“这是一种比较常见的心理障碍。这种障碍严重地妨碍着你们两个人的关系，时间久了，也会妨碍与其他人的交往，你现在的焦虑和矛盾，属于一种躲避的现象，你必须要积极地去面对，消除这种心理障碍。”

张新广终于鼓起勇气，给陈洪涛打了一个电话，告诉陈洪涛明天可以到办公室见他。第二天，他们如期见面了，两双手终于握在了一起。两个人之间的谈话也非常顺利，张新广非常诚挚地邀请陈洪涛再次来公司工作，急需陈洪涛帮助他管理财务。他说：“我知道你上次的苦衷，相信以后你再也不会辜负我了。”

陈洪涛在后来的工作中对张新广的公司尽心尽责，公司的生意越做越大，两个人的友谊也随之越来越深厚，在冰释前嫌之后，两个人成了真正的知己。

《菜根谭》里有句话说：“径路窄处，留一步与人行；滋味浓时，减三分让人尝。此是涉世的极乐。”在道路狭窄的地方，自己应该停下来让别人先行一步。有这个心态的人，他的人生必定是快乐而又安详的。事事包容，必能为自己的人生增色不少。不能因为朋友满足不了自己的需求，或者做了些对不起自己的事情，就怀恨在心。怨恨会扰乱我们正常的思维，引起急躁情绪，更会加深对朋友的误会，影响友谊的质量。换个角度想问题便增添一份理解，在友谊的道路上走得更长远。

错误在所难免，宽容就是神圣

我们歌颂和赞扬无私的奉献精神，但是也不否定人际交往的一个基本原则就是互利，尽管每个人具体的交往动机是不尽相同的，但归根结底，都是从交往对象那里获得自己的某些需求，比如精神的愉悦、事业的发展等。这并不是可耻的事，我们社会的道德规范也在鼓励着人际交往中的互惠互利。但是，假如有一天我们的朋友在有意或者无意中伤害了我们，触犯了互惠公平的底线，那么，我们是否就要去指责对方或与之绝交呢？实际上，这是完全没有必要的。毕竟，朋友的交往不是锱铢必较的生意场，我们还是需要保持一份宽容的精神，善待朋友。

凡是因为孤独而陷于痛苦之中的人，多数是不能宽大为怀的心胸狭隘者。能够体验成功喜悦的人也多是与他人为善、宽宏大量者，更是有着人生智慧的人。当朋友在无意间伤害了我们时，很多人会认为："只要我不原谅你，你就没有好日子过。"而实际上，真正倒霉的却是我们自身。天空的广阔无比，是因为它能收容不同形状的云彩。我们应该学会宽恕朋友无意间的伤害，不能因为一个错误而苛责朋友，对朋友的苛责，归根结底还是对自己的一种折磨。

以牙还牙的报复尽管符合人的本能的心理，但是我们应该明白"冤冤相报何时了"的道理。面对背叛或者伤害的切肤之痛，我们要宽容朋友所做的一切，表现出别人难以达到的胸襟，如此一来，我们的精神就会上升到宽宏大量、光明磊落的新境界，人格也将折射出高尚的光芒。失去了心头之恨，也就不会使自己的精神世界受到扭曲，生活的每一天也会是明朗的。善待朋友，能够改变自己内心的苦闷，更能获得朋友和世人的尊重。

战国末年，赵国大臣蔺相如两次出使秦国，将生死置之度外，表现出的大智大勇令秦王折服，为赵国赢得了尊严，因此得到赵国上下的赞扬。赵王为了奖励他立下的大功，就封他做了上卿，地位在将军廉颇之上。廉颇自恃资格老、为赵国东征西战立下了汗马功劳，因此很不服气。就对自己的手下说："我是赵国的大将，为了保护赵国的江山社稷，立了多少汗马功劳！大王不封赏倒也罢了，却把一个只会动嘴皮子的蔺相如封为上卿，爬到我的头上来了！哼！我见到他，一定要羞辱他。"

有人把廉颇的话传给了蔺相如，蔺相如就尽量避免和廉颇接触，多次称病不去上朝。一天，蔺相如乘车出行，远远地就看见廉颇的车马迎面而来，他赶紧叫手下把车赶进小巷躲一躲，让廉颇的车马先过去，以免认出他来。蔺相如手下的人十分愤怒，不明白他为什么这么怕廉颇。于是，他们纷纷责怪蔺相如不应该如此胆小怕事。蔺相如对他们解释道："你们觉得廉将军和秦王相比，哪一个人厉害？"手下说："当然是秦王厉害啦。"蔺相如又说："对呀！天下的诸侯都怕秦王，而我却敢逼他去鼓瑟，也敢当面指责他的背信弃义，我不把和氏璧交给秦王，他并不能把我如何。廉将军威势不如秦王，我怎么会怕他呢？因为我想过，虎狼般的秦国之所以不敢来侵犯赵国，就是因为赵国有我和廉将军在，要是我们两人不和，就会削弱我们赵国的实力，让秦国知道了，就会趁机来侵犯我们。因此，我宁愿忍让点儿。"

有人把这件事告诉给了廉颇，廉颇才明白蔺相如为了国家的利益而处处忍让着自己，心里感到很惭愧，于是就光着上身背着荆条，到蔺相如家请罪，请蔺相如原谅自己的鲁莽。蔺相如听说后，赶紧走出大门，将廉颇扶起来拉进府中。从此之后，两个人就成了交心朋友，为了保卫赵国而尽心尽力，他们谱写的将相和的故事也被后人津津乐道。

著名的思想家波普曾经说过：“错误是在所难免的，而宽容却是神圣的。”缩短两个人距离的是理解和大度，一个有着高远目标的人能够懂得付出宽容、收获成功的道理；一个鼠目寸光者，得到的只是短暂的欢愉。善待朋友就是对自己最好的人生方式，既缓解了心灵的负担，又获得了健康自由的心态。

给朋友留下足够的面子

我们这个国家的一个特点就是重视面子，讲究“人争一口气，佛争一炷香”。利益可以失去，但是不能丢掉颜面。一个人对面子不太看重的话，那么很可能是一个不被看重的人。如果只是考虑自己的感受而不能顾及别人的颜面，那么在交往中很难成为受欢迎的人。毕竟，面子是一个人立足的根本，有了面子的人才会有身份，才能受到别人的尊重，因为伤害面子的后果，对于一个人来说可能会恼羞成怒；对于一个国家来说，又极有可能会大动干戈。和朋友相处，我们一定要注意尊重对方，给朋友留下足够的面子。

很多人都有着自以为是的毛病，一旦看到别人的观点想法与自己的不同，就喜欢旁征博引、引经据典地大发宏论，在滔滔不绝的演讲中还附带着轻蔑的眼神、不满的腔调和侮辱性的指手画脚。或许，这些人的观点更高一筹，但是这样的做法却无法得到朋友的认同，因为这明显是在践踏他人的尊严、伤害他人面子。否定了一个人的智慧和判断力，打击了他的自尊心，伤害了他的感情的同时，也触犯了做人的底线，这是不可取的，也是在挑衅。任何一个有自尊心的人都会进行反击，哪怕你们是情同手足的兄弟、患难与共的朋友。

春秋时期，齐景公养了三个猛士：公孙接、田开疆、古冶子。三个人都有拔山扛鼎之力，勇猛无比，但是常在朝堂之上胡闹，使齐景公面子上下不来，因此齐景公很讨厌他们，想杀掉这三个人。但是，又忌惮他们的万夫不当之勇，不敢贸然下手，齐景公为此一筹莫展，只好让晏婴来帮忙出主意。

晏婴说："他们三个虽然力大好斗，不惧强敌，也不讲究君臣之礼，不过却十分好面子，这就好办了。国君赐给他们三个人两个桃子，告诉他们按照功劳大小去分吃这两个桃子，那么这件事就能办成了。"于是依计而行。

三个人来到宫廷后，看见这两个桃子，只见公孙接仰天长叹说："晏婴实在是太恶毒了。他叫我们按功劳大小分配桃子。不接受桃子，就是不勇敢；可接受桃子，却又人多桃少，这就只有按功劳大小来分吃桃子了。我曾经和国君一起出猎，第一次打败了野猪，第二次又打败了老虎。像我这样功劳，可以吃桃子，而不用和别人共吃一个。"于是，他拿起了一个桃子站起来了。

田开疆说："我和国君出战的时候，手拿兵器，接连两次击退敌军。保护了国君的生命安全，像我这样的功劳，也可以自己单吃一个桃子，用不着与别人共吃一个。"于是，他也拿起一个桃子站起来了。

古冶子说："你们的功劳能和我的比吗？当年我跟随国君横渡黄河，河中大鳖咬住车左边的马，拖到了河的中间，那时，我不能在水面游，只有潜到水里，顶住逆流，潜行百步，又顺着水流，潜行了九里，才抓住那大鳖，将它杀死了。我左手握着马的尾巴，右手提着大鳖的头，像仙鹤一样跃出水面。渡口上的人都极为惊讶，把我当成了河神，大声喊道：‘河神出来了！’仔细一想，像我这样的功劳，也可以自己单独吃一个桃子。而不能与别人共吃一个！既然桃子已经被你们两个拿去了，还不赶紧给我送回来！”说罢，便抽出宝剑，站了起来。

公孙接、田开疆听到之后，心中十分惭愧说：“我们的勇敢赶不上您，功劳也不及您，拿桃子也不谦让，这就是贪婪啊；既然如此，我们还有何颜面活在世上啊？”于是，他们二人都交出了桃子，刎颈自杀了。古冶子看到这种情形，说道：“尽管你们两个吃一个桃子是应该的，但是却由于我的缘故而自杀了。他们两个都死了，唯独我自己活着，这是不仁；用话语去羞耻别人，吹捧自己，这是不义；悔恨自己的言行，却又不敢去死，这是无勇。”他感到很羞惭，放下桃子，也刎颈自杀了。

有一个西方的政治家曾经说过：“没有永远的朋友，也没有永远的对手，只有永远的利益。”朋友和对手会在一定条件下相互转化的。当你不分场合，过于表现自己的优越感，居高临下地同朋友谈话，很可能会刺伤朋友的自尊心，很自然地就会使对方产生敬而远之的意念。因此，应该做到处处谦逊、虚怀若谷、时刻注意对方的存在、体会对方的感受，这样才能够和朋友长久相处。

包容，让友谊之树常青

每个人都有着社会属性，而社会属性的一个重要内容就是群体性。每个人都有着各自的性格认识、人生价值观念、处世原则、心理感受等，和朋友的交往中很可能会遇到一些这样那样的争执和冲突，时间长了，发生冲突的概率就会大些，那么该如何去面对这些冲突和争执呢?

与朋友为一点儿鸡毛蒜皮的事而争吵得面红耳赤，在生活中是比较常见的现象，如果为此而打个头破血流、争得你死我活，不仅会失去一份真诚的友谊，也会输掉一份心胸和人格。宽容，才是我们唯一的选择，宽容不是软弱，更不是不讲是非、一味地姑息纵容，而是面对小的摩擦和争吵，潇洒地挥手，让这些不愉快随风散去。宽容并不是软弱的表现，而是提高境界的一种方式、减轻心理负担的一种途径、提高个人魅力的一种手段。一味地记恨较真，浪费的只是一个人的时间和精力，倒不如选择有意识地忘却，这样，不仅拯救了一份岌岌可危的友情，还挽救了一颗怒火中烧的心。

公元200年，曹操和袁绍在官渡展开了一场旷日持久的战争，曹操以少胜多，用7万人的力量打败了势力大于自己十倍的袁绍。袁绍狼狈地率领800残余人马逃回河北。战斗结束之后，曹操命人把所获得的金银珠宝、绫罗绸缎，全都奖给了将士们。袁绍留下的文书档案、地图书籍命人整理分类，以便于了解和分析敌情，作为日后行军作战参考之用。

在清理过程中，有人在袁绍的帐中发现了大量的书信，这些书信都是曹操的手下写给袁绍的，很明显的就是背着曹操向袁绍表明忠心，为的是万一曹操战争失败后好给自己留一条后路。搜到这些书信的人如获珍宝，赶紧告诉了曹操。

大家对这些卖主求荣的行径感到非常的气愤，而那些写这些书信的人一个个都心中忐忑不安，唯恐招来杀身之祸。一时间，曹军军营中的空气似乎凝固了。亲信大臣们都劝说曹操把这些写信的人抓起来，军法处置，以儆效尤。

曹操却没有这么做，他对众人说："当初和袁绍对垒时，我也挺害怕，觉得结果对我不利，也在暗自准备退路，既然主帅都不敢自保，那么手下人和袁绍有些书信来往也是很正常的。如今，相信这些人已经知道错了，应该给他们一个改过自新的机会，又何必对他们斩尽杀绝呢？"

对于收缴来的书信，曹操连一眼也没看，就下令在三军面前把这些信全部烧掉，表示既往不咎。顷刻间，军中紧张的气氛消失得无影无踪，那些暗地私通袁绍的部下庆幸脑袋保留之余，对曹操更是佩服不已，于是暗下决心，日后一定要忠心耿耿地跟随这位胸怀宽广的主帅建功立业。

曹操下令烧掉书信，充分表现了一个政治家的智慧和胸怀。因为他知道在特殊的情况下，很多人都可能说错话做错事，被眼前的利益所驱使，如果能够原谅这些人的过失，不仅能够迅速安定军心，更能得到他们由衷的爱戴和支持。何况，袁绍只是在这次战争中失败，一时间还不能彻底消灭，眼下正是用人之际，如果对那些人进行惩罚，很可能将一些观望的人推到敌人的队伍中去，不仅会削弱眼下的力量，还会让那些想投奔自己的人望而却步。烧掉了书信，换回了人心，能够让部下感动于自己的宽宏大量，从而死心塌地地去效忠和追随他。后来，曹操终于统一了黄河流域，这和他的宽阔的心胸、超人的智慧有着很大的关系。

任何一个成功人士都有着一个宽宏大量的心胸和善解人意的情怀，拥有包容的气度，收获的东西将会更多。朋友之间的相处最基本的条件，除了信任之外，还需要一个宽阔的胸怀，只有这样，友谊之树才能常青，友谊之花才会常开。忘掉一切的不愉快，你就会发现，每天的太阳都是明媚的，每日的空气都是清新的。

第四章

当爱情无法挽回的时候，该放就放

当爱情不能挽留，该放就放

“在天愿作比翼鸟，在地愿为连理枝”是每一个人的爱情梦想。爱情是生活中最美丽的篇章；爱情是照亮黑夜的明灯，使得处在黑夜中的人看到光明，爱情是燃烧的火种，让一个人对未来的生活充满无限的希望。如果这个世界缺少了爱情的话，那么就不会有斑斓的色彩和丰富的层次。当我们沉浸在爱情的幸福中时，心里往往会被甜蜜的味道所灌满。拥有爱情的人时时刻刻想着天长地久、比翼双飞。可惜，并不完美的世界似乎也决定了所有的爱情结局未必就是圆满的，世事难料犹如一个魔咒会在一个人毫无准备的时候突然降临，不少的爱情结局出现了劳燕分飞，甚至反目成仇的现象。

失恋的不幸，成就了不少多情的诗人，一篇篇让人听来肝肠寸断的诗歌篇章在失恋的痛苦中诞生，丰富了文学的宝库，但是又戕害了不少美丽的生命。当一个人颓废地唱着“抽刀断水水更流，举杯消愁愁更愁”的时候，所体现出来的不仅仅是优美凄冷的词句，更多的是一个陷入黑暗和痛苦中的心灵。失恋的打击折磨得你如痴如狂，把一个原本乐观开朗的你变成了精神上的残废，在剩下的岁月里，你沉浸在对往事的回忆之中不能自拔，荒废了事业、忽视了人生的风景，虽然肉体还在，但是灵魂已经死了。

我们的文化中对爱情讲究的是一个缘分。当爱情不能挽留的时候，只能说明两个人注定了此生的无缘。在需要放手的时候，我们应该从容地放开那些不属于自己的东西，不能够让它成为生活的羁绊。为了失去的爱情而痛哭流涕，你不仅会失去太阳，还会错过星星。爱情是美丽的，但却并不代表生命中的全部。死去活来的选择，只是一种幼稚和软弱的表现。面对抛弃了你的人，大度地为对方祝福可能一时间无法做到，但是我们要在最快的时间里为自己受伤的心灵进行治疗，早日走出黑暗和伤痛的阴影。毕竟，生活中的很多事情不能过于强求，我们要学会放弃。

有一个年轻的小伙子和一个漂亮的女孩恋爱了 3 年之久。当他准备和心爱的人走向婚姻殿堂的时候，他的女友投向了另一个人的怀抱。小伙子十分痛苦，选择了借酒消愁，每日里烂醉如泥、惹是生非。街上的人见到他，纷纷在暗地里指指点点，遇到他想发泄的时候，迎面而来的人总要纷纷避让，以免引火烧身、招惹事端。

一个德高望重的老人实在看不下去他这种颓废的样子，就呵斥他说："破罐破摔有什么出息，有本事你把她追回来呀。"

"可是，她马上要嫁给别人了。"年轻人哀怨地说。

"既然她要嫁人了，你还留恋什么？"老者问道。

"不是留恋，而是痛恨她，她觉得我没钱，没本事，瞧不起我。"年轻人颓唐地说。

"你就这么没出息，任由人家看不起你吗？如果你有本事，你就有机会展示给她看！"老人义正词严地说。

"可是我现在一无所有呀！"年轻人哀怨地说道。

"可是你还有今天，你还有明天，你还有年轻的身体，这些足够了！"老者说道。

在老人耐心的开导下，年轻人终于明白了，他鼓起勇气，转身离开了。

几年之后，衣着光鲜的小伙子回到了家乡，找到了那位教诲他的老人。

老人告诉他，那个女人已经嫁给了富商。年轻人笑了笑，说："一切都已经过去了，您教给我的并不仅仅是怎么娶一个女人，更重要的是教会了我做人的道理。我现在已经有了美丽的妻子、可爱的孩子，这些都是您的恩赐啊。"

爱情中的放弃无疑是痛苦的，但是如果不懂得放弃，我们的情绪很可能就会走向毁灭。在需要做出选择的时候，每个人应该用一种壮士断腕的理智。失败的爱情，犹如枯萎的花朵，我们死死抓着不放的时候，就好比蜜蜂仍在花朵上拼命吮吸，这时候，花的甜蜜已经没有了，蜜蜂的吮吸就变成了徒劳。当你展开翅膀、飞向高处时，就会发现枯萎的花朵周围处处是芬芳的花香，在豁然开朗的时候，你可能就会后悔和嘲笑当初的幼稚和愚蠢。

挂起理解的帆，才能到达幸福的彼岸

如果在这个世界中挑选一件最美丽的东西，那么应该就是爱情吧。爱情是神圣的，也是美好的。没有了爱情的存在，生命就失去了耀眼的光芒和亮丽的颜色。爱情能够激发一个人对生活的热爱、对未来的激情，没有爱情的人生是残缺的，也是乏味的。然而，爱情的内涵却不是我们想象中的完美无瑕，两个人的世界里，可能会时常出现意见相左、争执不休的情况，让双方都感到非常疲惫和烦恼，在这个时候，或许会怀疑爱情是否还真正地存在，甚至在心灵蒙尘之后做出错误的决定，招致一生的痛苦。

这个世上没有完美无瑕的爱情，也不会存在没有争吵的夫妻。真正的爱，是一种相互的包容，是无私和博大。

真爱的内涵和本质，不是花前月下的卿卿我我。也不是莽撞少年的缠绵与誓言，而是彼此会心的一笑就可以触摸到对方的心灵。爱情的美丽和可贵，不是誓言的多少和承诺的天荒地老，而是相互的包容和理解。往往有时候，一句话或者一个眼神都蕴含着无私的真爱。

李美妍和孙玉超经过一段时间的恋爱之后结婚了，婚后却不是想象中的激情四射，而是平淡得出奇，让李美妍感到异常的郁闷。

一天中午下班，李美妍下楼时一脚踩空，坐在了楼梯的棱角上。她咬着牙撑到家，之后发现坐也不是，躺也不行。只好给孙玉超打电话，孙玉超气急败坏地说："跟你说过多少次了，小心点儿，小心点儿！去年刚刚摔坏了腿，今年又摔伤了屁股，明年你改上托儿所得了！你怎么总不长记性呢？"李美妍一边哭一边听他申斥，一边还听到他招呼单位的司机："快快快！开车送我一下！我老婆摔倒了！"

孙玉超回到家里，看见哭丧着脸的老婆，又是一阵痛骂："我中午还有事呢，你净在这里给我添乱！人家娶个老婆是为了省心，我却把你这个让人操心的给娶进门了！家门不幸啊！"说完便把老婆背在身上，一路小跑走下楼去。

每次受伤之后李美妍都会受到老公怒气冲冲的指责。李美妍对于老公的训斥和责骂，是十分厌烦的，因此，每次听到老公的指责都感到很气愤，多次提出抗议，但是老公置若罔闻，她只好采取沉默的态度。于是孙玉超再骂时，她便对自己说："沉默，沉默！沉默是金！"因为她知道，这是老公对她爱的一种方式，并且跟他骂声的激昂程度成正比，骂得越激昂，心疼得越厉害。去年自己摔坏腿的时候，一次次地去医院、拍片、换药、复查，都是老公背着上下楼。从顶楼下来，共87级台阶，平时一个人跑还有点儿微喘，何况还要再背着一个大活人呢？

在李美妍摔伤的那段时间，孙玉超也是经常骂不离口的，有时候实在受不了他的粗暴，愤怒后的李美妍挣扎着从床上爬起来自己走，可总是拗不过老公，结果往往是让孙玉超背着上下楼。听着他粗重的喘息声，李美妍的心便一点一点儿的柔软下来。

终于，到了伤好的那一天，李美妍高兴地在老公面前左摆右扭。她说：“原来，可以自如地扭扭屁股也是一种幸福啊！”这次孙玉超没有再骂人，而是用一种一本正经的口气说：“你在我的骂声中成长也是一种幸福。等到哪天我不再骂你了，说明我已经不再在乎你了。”这时候，李美妍的心里感动不已，暗自想，原来在疼我爱我的老公的骂声中渐渐成长也是一件极其幸福的事。幸福就是如此简单，简单到扭一扭屁股，简单到挨一下老公的骂，老公那令人讨厌的缺点其实正是一种爱的表达方式呀。

在爱情生活中，有一种感动叫相亲相爱，有一种感动叫相濡以沫，还有一种感动叫理解与包容。爱情的历程犹如行驶在大海中的一帆小船，有时风平浪静，一帆风顺；有时则有风暴，有暗礁，只有划动包容的桨，挂起理解的帆，同心协力才能到达幸福的彼岸。

背叛未必是情感的终结

爱情是美好的，人类几千年的历史留下了许多让人热泪盈眶的爱情故事。一个个美丽的传说激励、鼓舞着我们在情感的道路上寻找着一份内心深处的幸福。可是，命运总是喜欢捉弄感情丰富而又十分脆弱的人们，从而让小心翼翼地呵护着的情感，瞬间化作了过往云烟，留下一个孤独痛苦的身影在黑夜里徘徊，巨大的心灵创伤让多少痴情的种子暗自饮泣、痛不欲生。生活在世上的我们，很可能会因为情感的不顺而迷失堕落，丧失了生活的信心，失去了寻求幸福的心情，过着以泪洗面的痛苦生活。在这个时候，我们应该从丧失爱情的心酸之中选择一种理智的思维。情感生活是重要的，却并不是生命的全部，我们应该及时地抽出身来，告别内心的伤痛。毕竟，生活的道路还很长，生命中还有很多值得欣赏的风景。

普希金是俄国著名的民主主义战士，也是俄国历史上极为有名的诗人，深得广大人民的喜爱。可是，一个才华横溢的生命，却在一场爱情的变故中消失，几百年来，仍然让人感到惋惜。

1828年，普希金在一个舞会中认识了18岁的娜达利娅。这位漂亮的女孩子犹如刚刚开放的玫瑰，娇艳欲滴，清香诱人。多情的普希金见到之后魂不守舍，认为这就是自己寻找陪伴终生的另一半，于是当场向娜达利娅求婚，但遭到了拒绝。普希金并没有因为这次的失败而退缩，开始了漫长的追求过程。终于在1830年的时候实现了心中的梦想。才华出众的普希金和倾城倾国的娜达利娅结合，得到了朋友们的祝福，认为这是郎才女貌的天作之合。

结婚之后，普希金陶醉在了幸福之中。而向妻子表达爱意的方式就是他视之为生命的诗歌。可惜，妻子对他的才华并不感兴趣，柔情的诗句在她听来和枯燥的公文一样乏味。有一次，几个朋友来普希金家，朗诵普希金写过的诗歌，娜达利娅只是礼貌地听着，客气而又冷漠地说："朗诵你们的吧，反正我也不听。"对诗歌的冷淡让朋友们面面相觑。

普希金虽然满腹经纶、才高八斗，可是妻子却只是贪图物质享受，爱慕虚荣。两个人在一起，很难找到共同语言。因此，当普希金把这位貌若天仙的女子娶进门后，幸福的日子持续了没有多长时间，就被娜达利娅无尽的欲望折磨得疲惫不堪。为了维持妻子体面的生活，普希金在短短的几年之内就欠下了六万卢布的巨额债务。高额的债务把这位浪漫的诗人压得抬不起头来，频繁的应酬使他丧失了宝贵的写作时间。他在给朋友的信中写道:“对生活的操心使我没时间感到寂寞，我已经没有单身汉时的自由自在地用来写作的时间了。我的妻子非常时髦，这一切都需要钱。而钱我只能通过写作来获得。而写作需要幽静，单独一人……”然而，作为家庭主妇的娜达利娅却从不关心丈夫的感受，继续出入于各个交际场中，享受着糜烂的生活。

娜达利娅看到当初对自己崇拜不已的丈夫已是一个穷光蛋之后，开始了对他漫长的抱怨。后来感到这位只懂得长吁短叹的诗人无法再支撑她所需要的生活之后，便和一个军官打得火热。妻子的变心让自尊心很强的普希金无法接受，决定采用西方特有的方式，和那个军官决斗，捍卫自己的爱情和尊严。在 1837 年 1 月 27 日，两个人的决斗在彼得堡外的黑山进行，在决斗中，普希金的心脏停止了跳动。他的死，让朋友们感到十分伤心，也让俄国的文学史上失去了最灿烂的明星。

面对对方的不忠，我们千万不要在恼怒中丧失了理智，而要用一颗平常心来看待。一次的背叛未必是情感生活的终结，也无法代表幸福的永别。相反，却为我们寻找真爱提供了具有价值的经验，能够在以后的情感道路上走得更稳健、更正确。毕竟，乌云遮住天空只是一时的黑暗，不久之后的天空依然会呈现明朗的色调。

微笑着伸出手，和情敌做朋友

在茫茫的人海中，我们用渴望的眼神来寻找着生命中的另一半，渴望演绎一场轰轰烈烈的爱情，延续白头偕老、从一而终的传说。然而，这个世界永远不像我们想象中的那样浪漫和美好，在寻觅情感的归宿中，多少次在梦中千呼万唤的那个人一直静静地等在灯火阑珊处。当你满怀兴奋地看到她时，或许，她正在别人的怀抱里；当你翘首等待着心中的维纳斯垂青于你时，却发现苦苦追寻许多年的那个人早已成为别人的妻子，现实的冷峻在不经意间给我们开了许多无情的玩笑，情愿也罢，不情愿也罢，都是要面对的。

爱情本身并没有错误，每个人都有着自己的选择。当几个人的选择出现交叉重叠的时候，那么“情敌”这个词语也就诞生了。面对情敌，来一场决斗倒也算得上维护爱情的神圣，可惜在挥拳相向中却失掉了一个人本该有的宽容境界。即使在决斗中胜出又能如何？依然丝毫改变不了现实。理智的选择，是和情敌做朋友，微笑着伸出手去，这样，在失去一场爱情的时候，至少能够收获到两个人的友谊。

世上最宽阔的东西是海洋，比海洋更宽阔的是天空，比天空更宽阔的是人的胸怀。我们在经济利益上反对斤斤计较，在感情的得失上也要推崇一种包容的精神，包容是把一种信任交给人，同时包容也是一种人生、一种放开之后的收获。

解开心结，眼前的世界才会开阔

莎士比亚说过:“聪明的人永远不会坐在那里为他们的损失而悲伤，他们会很高兴地想办法来弥补他们的创伤。”可惜，在现实的社会中，没有几个人能够做到让不愉快都随风而去，许多人往往把过去的痛苦沉在心里，在不断的痛恨、惋惜和懊恼中度过本该轻轻松松的每一天。

我们习惯了对过去的事情不肯放手，也习惯了对自己眼下幸福视而不见的做法，从而常常抱怨美丽的东西不属于我们，有着“问君能有几多愁，恰似一江春水向东流”的哀怨。既然哀愁如一江春水，那么，就让这些往日的忧愁随着滚滚东去的河流一起奔向大海吧，再也不要让那些往事来折磨自己。得不到的东西好比是闪烁天际的星星，虽然璀璨却很遥远，倒不如把那些往事当成美丽的回忆和路边迷人的风景，走过去了，就不要再返回。失去的东西因为失去才美丽，但等到失而复得的时候，却未必能有一种好的心情，唯有现在的幸福时刻才是我们应该紧紧抓住的。世界上最珍贵的不是得不到和已经失去，而是此时此刻的拥有。珍惜当下，是每一个明智之人的选择。

法国著名的作家卢梭，少年时代有过一桩刻骨铭心却又十分尴尬的爱情经历。在他年轻的时候，比他大 11 岁的德·菲尔松小姐向他表示了深深的爱意，而卢梭也十分迷恋这位女人的奔放和性感靓丽，于是两个人就开始了轰轰烈烈的爱情，卢梭一头扎进了这位风情万种的小姐的温柔情怀中。

过了不久，卢梭发现这位小姐对他的爱意只是一个圈套，只是为激发出一个她偷偷爱着的男友的醋意。年少气盛的卢梭觉得自尊心受到了莫大的伤害，内心充满了难以描述的愤怒和仇恨，发誓永远不见到这个颇有心计的女人，假如有一天意外地遇见，也一定会给她难堪。

20年后，已拥有了极高的社会地位的卢梭回家里看望父亲，在波光粼粼的湖面上，他却意外地看到了离他不远的一条船上的德•菲尔松小姐。她衣着简朴，面容憔悴，完全失去了往日迷人的风采，和风华正茂、衣锦还乡的卢梭形成了鲜明的对比。这是一个颇有戏剧性的画面，也是多年前卢梭梦寐以求的时刻。按照20年前的誓言，卢梭应该凑上前去和她重提旧事，让这个欺骗了他的感情的女人无地自容，这是一个求之不得的复仇机会，哪怕是过去打个招呼，对极要面子的德•菲尔松小姐也是一种很好的报复。

但卢梭却没有这样做，而是悄悄地把船划开了。当一个朋友问到他为什么要这样做的时候，他回答说："虽然这是一个相当好的复仇机会，但还是觉得没有必要和一个40多岁的女人算20年前的旧账。"

"你真的对她没有丝毫的仇恨吗？当初，她可是让你伤透了心。"朋友用质疑的语气问。

"如果有怨恨，那也是20年前的事了，如果这些年我一直对她的负心耿耿于怀，那么我将会在这些痛苦与悔恨当中度过20年，这将是一个多么可怕的现象，如果那样的话，还会有今天的卢梭吗？对往事耿耿于怀，好比我提着一袋子死老鼠去见你，可能会让你一时间不舒服，但是在一路上闻着臭味的人也只有我，这又是多么愚蠢的行为。怨恨就像一袋死老鼠，最好把它丢得远远的，"卢梭说完从口袋里拿出一些钱来，"希望这些钱能够对她有所帮助，摆脱困境并过得好一点儿。麻烦你转交给她，但是千万不要说是我送的。”

如果面对过去的矛盾和纠葛，一味地斤斤计较，输掉的不仅仅是眼下的幸福，更多的该会是做人的境界，这些都是百害而无一利的，明智人的明智之举永远不会选择愁肠百结，而是为了生活中的愉快而淡化，因为他们懂得，解开心结之后，眼前的世界才会豁然开朗。

背不动，就放下

有人曾经说过，真正的爱情只有一次，没有第二次。或许在这句话的诱导下，许许多多的痴男怨女不情愿放弃即将失去的爱情，进行着无谓的努力和挽救。其实，这句话只能算得上一句名言，真实而合理的成分到底是多少还尚未可知，处在恋爱边缘上的人没有必要去为此浪费心血和感情。有些爱情正因为它的美丽才显示出了不现实的一面来。白马王子和灰姑娘的故事，只是人们的美好梦想，在日常的生活中，它出现的概率微小到忽略不计的地步。

痛苦和欢乐都不是绝对的，因为有痛苦，所以欢乐也必然在一定程度上存在。在恋爱的日子里，你的欢乐来自于甜蜜芬芳的爱情，在失去爱情的岁月里，也要承受这苦涩和辛酸所带来的痛苦。既然已经失去了，又何必为无法挽回的感情而痛哭流涕呢？迅速地走出失落，以一个新的心态去迎接明天的太阳岂不是很好的选择吗？

施恩和雨燕在大学里就确立了恋爱的关系，在学校里，两个人一起上课读书逛街，校园的林荫道上经常见到这对亲密的情侣手牵着手散步。食堂里也经常出现两张写满幸福的笑脸。四年里的花前月下让这对心心相印的年轻人对未来充满了无限美好的期待和渴望。

毕业后，两个人在同一所城市里工作。每到下班后，两个人回到租的房子里度过甜蜜的二人世界：为一道菜该不该放醋而打情；一起坐在客厅里看电视，为一句笑话台词而骂俏；没有惊喜浪漫，也没有恼怒争吵，经营着简单的幸福。

到了谈婚论嫁的年龄了，两个人决定告诉双方的父母。可是，雨燕的父母知道施恩只是一个穷小子时，无论如何也不同意把自己的宝贝女儿嫁过去受苦。雨燕苦苦哀求，可是两位老人却并没有松口。后来，还把她骗回家，想通过隔绝两个人的联系来让雨燕忘掉施恩，结束这桩门不当户不对的婚姻。然而，天性倔强的雨燕却不愿意任由父母摆布，几次三番地试图逃出。父母看到后，决定让她出国留学，让这对痴情人天各一方。雨燕依然选择了对抗，拒绝父母的安排。在争吵的僵持中，不觉已经过去了几个月。几个月里，手机被没收的雨燕一直和施恩没有联系。

有一天，雨燕的一个大学同学来看望她，带来了一个十分震惊的消息：心灰意懒的施恩放弃了这段没有结果的爱情，和另一个姑娘结婚了。这简直是晴天霹雳，雨燕呆住了。想起大学时两个人的恩恩爱爱，又想到以后再也不能和施恩在一起了，心痛得好像针扎一样，对这个在自己面前说过无数次甜言蜜语的家伙充满了痛恨。自己苦苦地等待和抗争，全部失去了意义，一切的一切都在验证着痴情女子负心汉的古老寓言。痛苦不堪的雨燕在以泪洗面几日之后，感到生活充满了阴暗，人间充斥着阴险，最终在一个夜晚用一瓶安眠药结束了自己的生命。

“背不动，就放下”，这是一句至理名言。无法挽回的爱情就是沉重的包袱，你又何必背负着它苦苦挣扎呢？昨天的伤口已经绽开，鲜血流过悲伤的胸膛，痛苦流泪和心碎的绝望干扰着你的情绪，当灵魂蒙上阴影的时候，你是否想过如何愈合自己的伤口，早日摆脱心头的阴霾?

宽恕你曾经爱过也恨过的人，宽恕这段感情，同时也宽恕你自己，让你痛不欲生的事，在时间的治疗下也会慢慢变淡。若干年后，当你洗过澡后，穿着一身宽松的衣服，坐在躺椅上凝视窗外夕阳的时候，心中再泛起这段感情，拥有的可能只是一种淡淡的忧伤和甜蜜。

面向阳光，才不会有阴影

在人生的轨迹中，经常会遇到两种对自己的态度截然不同的人。一种人是帮助你的人，另一种人是刺伤了你的人。对于帮助你的人自然要有感恩的心，对于刺伤了你的人并不能一味地去抱怨和仇恨，而是要大度地对他们表示感谢。毕竟，因为他们的伤害，才让我们有了进一步的成长和成熟。对待亲人朋友，宽容要容易些；对待陌生人和情敌，宽容要难许多，即便如此，也要放平心态，选择宽容。世上没有过不去的火焰山，也不可能存在一辈子的仇恨。

那些刺伤过你的人，带给你的并不只是一时间的疼痛和愤恨。除此之外，他们的伤害能够让一个脆弱的你走向坚强，能够给你一个痛定思痛的机会，让你在逆境之中磨炼意志，做出值得自己骄傲且能够让别人羡慕的事业来。在痛苦之后，更加珍惜当前的拥有，加倍努力地去完成自己的奋斗目标，激励着你在痛苦中不断前进。伤害能够让一个人不断地成熟起来，懂得什么样的人生是真正的生活，在日后的选择中能够三思而后行，考虑问题会周全一些，对待别人也能够做到真正地将心比心，提高我们的道德修养和境界。

在非洲草原上，牧民们常常会毫不费力地收获到野马肉，这全靠一种不起眼的动物的帮助。

这种不起眼的动物叫吸血蝙蝠，它的身体很小，因为靠吸食动物的鲜血而得名。这一种丝毫不起眼的动物，很难让人想象能够是野马的天敌。它在吸食野马血液时，常附在马腿上，用锋利的牙齿极敏捷地刺破野马的腿，然后用尖尖的嘴吸血。

野马难以承受这种外来的攻击，被蝙蝠叮咬之后，立即开始狂躁地跳跃、急速地狂奔，但是却丝毫不能摆脱巨大的痛苦。蝙蝠从容地吸附在野马身上，或是落在野马头上，让野马痛不欲生。等到吸饱喝足后，才满意地飞去。而野马却常常在暴怒、狂奔、流血中无可奈何地死去。

这种现象让动物学家们感到百思不得其解，他们一致认为吸血蝙蝠所吸的血量是微不足道的，远不会将野马置于死地，那么是什么导致了野马的死亡呢？事实上，野马之死悲剧发生的真正原因是其暴怒的习性和狂奔。对野马来说，蝙蝠吸血只不过是其成长过程中的一种外因，而就是这一外因激发了野马暴怒的习性，最终导致野马丧命。

俗话说：“人争一口气，佛争一炷香。”而不恰当地去争这一口气往往能够把一个鲜活的生命摧残掉。世界上很少有人会因情绪而获得好处，也很少有人因情绪而改变自己的境遇。而情绪无时无刻都伴随着我们，我们虽然无法做到心如止水，丝毫不受情绪的影响，但我们却应学会理性地控制自己的情绪，要时常在心里提醒自己：“这些小事还难不倒我，我没必要为这些事而生气”，同时提醒自己不要被别人的伤害控制了自己的心情，应控制好自己的情绪。

王女士最近每天愁眉苦脸，原因是丈夫被别人给抢走了，从而让她心情低落，神经兮兮，看到邻居们夫唱妇随的情景更是黯然神伤。她说：“这件事情对我的打击太大了，在我的心中盘踞很久，造成坏心情，影响了正常的生活和工作。”

有一天，王女士有个重要的会议，但是沮丧却挥之不去。看看镜子里自己的脸，竟然无精打采，她打了电话问朋友：“我该怎么做？我的心情沮丧，我的模样憔悴，没有精神，怎么参加重要的会议？”朋友告诉她：“把令你沮丧的事放下，洗把脸把无精打采的愁容洗掉，修饰一下仪容以增强自信，想着自己就是得意快乐的人。那个夺走你丈夫的人不能够再夺走你的幸福，你不能够让她如愿。注意！装成高兴充满自信的样子，你的心情会好起来。很快地你就会谈笑风生，笑容可掬。”王女士照着去做了，当天晚上在电话中告诉朋友说：“我成功地参加了这个会议，争取到新的计划和工作。我没想到故意装作幸福，幸福真的会来；把好心情装在心里，坏心情自然消失。如果不是那个夺走我丈夫的女人，说不定现在我还没完没了地在厨房里做着家庭主妇呢，真应该感谢一下那个伤害我的人。”

当我们拿花送给别人时，首先闻到花香的是我们自己；当我们抓起泥巴想抛向别人时，首先弄脏的是我们自己的手。假如我们转身面向阳光，就不可能陷在阴影里，光明使我们看见许多东西，也使我们看不见许多东西，假如没有黑夜，我们便看不到天上闪亮的星辰，即便是曾经一度使我们难以承受的痛苦，也不会是完全没有价值，它可以使我们的意志更坚定，思想更成熟。

这世上没有那么多风花雪月的浪漫

每个人都渴望着风花雪月的浪漫，渴望在鸡尾酒会和莫扎特的音乐中度过悠然的岁月，梦想着举手投足间的雍容华贵、丰衣足食下的谈吐风雅。然而，这个世上并没有太多的浪漫等待着我们，绝大部分的人只是在婚后过着一种柴米油盐的生活。有时候，女人可能会抱怨丈夫的无能，后悔当时一时情迷意乱而错嫁给了一个没有出息的男人。其实，这只不过是意气用事之后的气话而已，因为，每个人的爱情和婚姻，通常都是经过了理智的分析之后才做出的选择，选择了几十年的长相厮守和相濡以沫，在平凡的日子里默默地为对方做出牺牲和贡献。

俗话说:“女为悦己者容。”很多的女人对自己的容貌、服装都十分在意，甚至达到了苛刻的地步，有时候还会为眼角的一丝皱纹而黯然泪下，除了爱美的天性之外，更多的是怕失去青春岁月，被岁月偷走了红颜之后，更恐惧失去丈夫对她们的爱。而大大咧咧的男人却很少把这些事情放在心上，当老婆面对着镜子感慨韶华不再青春已逝的时候，而她们的丈夫却很可能一边叼着香烟一边在抱怨着妻子的多愁善感，或者是武断地认为老婆的更年期提前来临。这些话，无疑是非常刺耳的，敏感的女人可能会因此大闹一场，男人对此只会莫名其妙地瞪大了眼睛而不知所措。发出女人真难搞懂的感慨，其实，这些只不过是生活中极其微小的插曲而已，没有必要为此大动肝火。爱情婚姻中的细节，并不是想象中的那样面面俱到，我们应该大度地来看待这一切。往往有时候，经过一场痛彻心扉之后才能够懂得爱的真谛，了解自己在对方心中的位置。

赵鑫和周敏是一对青梅竹马的恋人。

有一天，赵鑫和周敏手牵着手在逛街。走到一家首饰店的门口时，摆在玻璃柜中的那条心形的金项链让周敏的眼睛放出的光来，她在心里想：我细长而又白净的脖子，只有配上这条项链才能好看。于是央求着男友买下这条项链送给她作为礼物。

赵鑫摸了摸自己的钱包，脸红了，他每个月两千多块钱的工资实在买不起这么昂贵的项链，只好避开周敏恋恋不舍的目光，拉着她走开了。

几个星期以后，周敏的25岁生日到了。赵鑫为女友举行了一个生日派对。在宴会上，赵鑫喝下几瓶啤酒之后，红着脸拿出了给女朋友准备的生日礼物，周敏一看，发现这正是自己心仪已久的那条心形的金项链，于是高兴地当众给了赵鑫一个热烈的吻。

赵鑫的脸又红了，用一种非常低的声音说："不过……这……这项链是铜的……"他的声音虽然很小，但所有的客人都听见了。女孩的脸蓦地涨得通红，感觉自己受到了莫大的侮辱。她把正准备戴到自己那白皙漂亮脖子上的项链揉成一团随便放在了牛仔裤的口袋里，赌气地举起酒杯："来，喝酒！"直到宴会结束，周敏再也没看赵鑫一眼。

不久，一个叫魏永刚的外地男人闯进了周敏的生活。他用一种炫耀的口气说，他什么也没有，只有钱。当他把闪闪发光的心形金项链戴到周敏身上时，同时也俘虏了她的那颗爱慕虚荣的心。两个人打得火热，他们很快在外面租了一间房子同居了，开始了周敏心中的美丽浪漫的爱情生活。

魏永刚对周敏百依百顺，可谓是要星星不给月亮，让这个涉世未深的女孩感动得一塌糊涂，暗暗庆幸自己在男孩与男人之间的选择。可惜好景不长，一段时间以后，周敏怀孕了，当她满脸幸福地准备告诉魏永刚要做妈妈的时候，却发现魏永刚已经有了别的女人，而且悄悄地带着那个女人从她的身边离开回老家了。周敏犹如一下子跌进了深渊之中，不知所措。

房东再一次来催周敏缴房租了，而她却一分钱也没有，只好走进了当铺，把自己所有的金饰摆在了柜台上。老板眯了眼睛看了一眼说："你拿这么多镀金首饰来，是不是觉得我们当铺不识货啊？"周敏一下愣住了，犹如一盆冷水浇在自己的头上。这时候老板的眼一亮，扒开一堆首饰，拿出最下面的那条项链说："嗯，这倒是一条不错的项链，虽然是铜的，但设计精巧、工艺也不错，值一点儿钱。"女孩回过神来，看了看那条项链，心里想：这不就是赵鑫送给我的那一条铜项链吗？想起和赵鑫在一起的日子，她泪如雨下。当铺老板把玩着那条心形的项链问："喂，你打算当多少钱？"周敏却忽然一把夺过那条项链就走了……

面对喧嚣的世界，有太多的表象迷惑了我们的眼睛，甜言蜜语代表不了爱情的纯洁，海誓山盟也未必能够兑现。只有当我们受到伤害的时候，才能找到那份真挚感情的存在，知道这个世界上最关心你的人所在的位置。

第五章

换一种方式思考，拥有宽阔的新天地

放下羁绊，苦亦是乐

人活在世上之所以有太多的痛苦，归根结底是因为私心过重。追求物质上的富足和精神上的虚荣和满足。当然，人活着若没有任何追求，就成了一具具的行尸走肉，生存也就毫无意义可言了。至于追求的方向，不同的人有着不同的选择，而这种选择，则是最难把握的。

我们鼓励凌云壮志的理想，也追求宁静致远的淡泊。千古名相诸葛亮一方面有着青史上无法抹去的功勋，另一方面又是十分清贫的，他的意境幽远和心态旷达正好折射出中华民族的追求——淡泊名利、无私奉献。

范仲淹在《岳阳楼记》中写道："先天下之忧而忧，后天下之乐而乐。"这种以天下为己任的情怀，是我们每个中国人都应该拥有的正确追求。有了这种淡泊名利、甘于奉献的精神，也就做到了无欲则刚，就可以潇洒走路、轻松做事，取得成功的把握就会大一些。

居里夫人是20世纪著名的科学家，她发现镭之后轰动了世界，因此也获得了诺贝尔奖。一时间，居里夫人的名字出现在各大报纸的头版头条；外国科学家纷纷发出的邀请函、各地政要寄来的贺卡，如同雪片一样纷纷而至；怀着崇高敬意的人纷纷前来拜访，索要签名，请求合影……这和居里夫人只是一个穷学生时备受冷落的清静形成了鲜明的对比。面对着今日的荣誉奖章和金钱等让旁人羡慕的东西，居里夫人依然是淡淡的，没有丝毫的夸耀与自满，表现出来的，永远是高贵的品质和那种谦虚的笑容。

有一位报社记者前来采访这位科学家，准备把她的事情报道出去，却遭到了居里夫人的拒绝，她说：“在科学上重要的是研究出来的东西，而不是人。多谢您的关心，我不能配合您的这次采访。”

有许多朋友劝说居里夫人申请生产镭的专利权。面对着巨大的商业利益，居里夫人坚决地拒绝了：“这种违背科学精神的事我不能做。科学家应该不受限制地发表出个人的研究成果。发现镭对于我们来说只是偶然的事情，在这上面我们没有任何优先权，镭对于病人来说是有好处的，应该把这个伟大的发现交给工业界和医学界来广泛使用，不能成为我们谋私利的工具！”

一向清贫的居里夫人并不在乎巨额的诺贝尔奖金，而是把大部分的钱捐赠给了波兰的大学生、贫困的朋友和她的老师、亲属等，自己还是坚持过着清贫的日子。有一次，她想给自己的房间添置两把椅子，又怕椅子会使休息的时间加长而不能更好地去工作，最终也没有买。

瑞士的日内瓦大学准备聘居里夫妇去做大学教授，并且愿意为他们提供优厚的待遇，当时的居里夫妇还只是普通的教师，这样的待遇可能改善一下他们的生活条件，但又可能影响甚至中断研究工作。再三考虑之后，居里夫妇谢绝了日内瓦大学的邀请，继续选择在那间破旧的实验室里做实验。

居里夫人的丈夫皮埃尔·居里后来因车祸逝世。居里夫人将他们研究出的价值 100 万法郎的镭，无偿捐献给了研究癌症的一家医院。许多的朋友都在责怪居里夫人，说应该把巨额的财富留给自己的孩子。居里夫人解释说：“贫穷固然是不大好受的，但富裕也没有必要，有了铜臭反而更讨厌。我捐献镭的目的，只是为了能够治好病，让病人减少不必要的痛苦就足够了。”对待孩子，她的要求则是，用勤劳的双手去创造自己的幸福生活。

她给孩子们留下的独立的精神和高尚的品德，就是给孩子们的取之不尽、用之不竭的财富。

爱因斯坦这样评价他所尊敬的居里夫人：“在我所认识的所有著名人物里面，居里夫人是唯一不为盛名所颠倒的人。”

“一箪食，一瓢饮，在陋巷，人不堪其忧，回也不改其乐，贤哉回也。”这是孔子对他的学生颜回的评价，我们从中也可以看到我们这个民族追求的绝不仅仅是物质的富有，而是精神的愉悦和道德的高尚。没有亲临其境的人很难理解颜回的快乐，更不懂得安贫乐道的真正内涵。只有一个人的思想升华到崇高的理想中去，不因为物质财富多少的羁绊而能随心所欲地去享受人生，就真的是苦亦乐、困亦乐了。能够有这样修养的人，内心深处一定有着崇高的目标和远大的理想，没有精神支撑，断难有人做到这一步。因为，这是一种不被物役、乐天知命的精神。

完美本是毒，远离尽善尽美

五彩缤纷的世界充满了各式各样的诱惑，我们完全有理由去追求自己的理想和憧憬。由于欲望本身就无止境，人们在憧憬理想的时候，也就希望追求到的东西能尽善尽美。但是，我们可以追求完美，只不过不能用完美主义来作为评价是非的准绳。

“完美”是个美丽的词眼，可惜，宇宙之大，却无它的容身之地。生命中不可能每天都是艳阳高照，璀璨的星体也不是想象中的纯净如水晶。照片中的青山绿水，走近它时往往会发现河水混浊、泥沙堆积。一切的完美，只不过是在想象中而已。

现实和理想存在着巨大的差距，这是普遍存在的社会规律和自然现象，我们无法去拒绝。过分地追求完美，会遇到太多失败的尴尬，造成的痛苦与失落也在所难免。为了不让自己的心灵受到过度的伤害，我们应该学会适当的放弃，去接受已经存在了的不完美。

古时候，一位老和尚想在圆寂之前在弟子中选择一个人作为衣钵传人。

在一个秋高气爽的天气里，老和尚将弟子们带到一片果林前。此时，正是果实成熟的季节，树上沉甸甸的果实发出了诱人的香味。老和尚吩咐弟子们说："你们各自选择一行果树，从林子这头走到那头，寻找一枚最大最好的果子出来，不可以走回头路，不可以做第二次选择。"

弟子们出发了，在寻找过程中他们都进行认真细致的比较，以寻找那颗最大最好的果子。等他们走出果林的时候，老和尚正静静地坐在那里等待着他们。只有大弟子手里拿着一颗极为普通的果子，其他的弟子都是两手空空。

大弟子说："这颗果子虽然不是最大最好的，我却认为这是最完美的。所以就把它摘了下来。"老和尚微笑着点了点头，又回过头来问其他弟子："徒弟们，你们找到的最大最美的果子呢？"弟子们面面相觑，不肯回答。

"怎么啦？徒弟们，难道你们就没有找到一个果子吗？"老和尚提高声音又问了一遍。

一个小和尚硬着头皮答道："我刚刚走到果林里面的时候就摘下了一个又大又好看的果子，可是以后我发现，果林里面还有比这枚果子更大更好看的，于是我就把摘的果子扔掉开始重新寻找了。直到最后，也没有找到一个真正满意的出来。"

另一个小和尚满腹委屈地说："我和师兄的情况差不多，我走进果林时就发现了一个又大又好看的果子，但是我觉得不可能这么快就寻找到最美的那一颗，于是我就一直在寻找着，走出果林的时候才发现，再也没有比第一个更好的果子了。”

老和尚说：“徒弟们，你们应该知道，万物之中，绝对完美的东西是不存在的。能够在不完美的世界中寻找一个适合自己的东西才是大智慧。你们的修行根底尚浅，这方丈的位置，还是由你们的大师兄来做吧。只有他才知道懂得选择，勇于放弃。”

我们需要理想，但是不能长期沉溺于理想。尽善尽美不如竭尽所能更为明智、现实一些。哲学家们谆谆告诫我们：“完美本是毒。”事事追求完美的心态就如鱼儿面对饵食，吊起了我们的胃口，得到的却是痛苦和遗憾。还是远离尽善尽美吧，坦然地接受不完美，那么，我们眼中的世界或将会变得更美好。

你宽广的胸怀，决定你的人生高度

人类能够有今天的成就，是不断追求进步的结果。每个人都有权利和义务去实现稳定的生活，追求心中的幸福感。一个人的进取心或许是微不足道的，但对于社会来说有着重要的意义。每个人的进取心的总和，就是社会进步的号角。进取是人生的重要内容，它意味着人类不断推进目标，没有辜负上帝创造人的初衷，给这个星球上的每个人都带来欢乐。

每个人都是在一声啼哭中来到这个世界。或许，这也昭示了人生中必然充满艰难和坎坷。只要是有追求的目标，那么在几十年的人生路途中，必然伴随着一些坎坷的经历。在科技高度发达的今天，命运和天意已经不能作为解释的理由和躲避的借口。我们应该明白，一个人不可能永远是一帆风顺的，也不可能永远被厄运所羁绊。追求的过程中，必然会伴随着磨难和痛苦。失败，对于有理想的人来说，只是暂时性的，它的存在意义不可或缺，每次的失败都会提供一定的经验，而这种经验是挫折之外的其他任何方式都不能提供的。因此，在失败挫折面前，除了跌倒之后重新爬起来之外，我们无法再有第二种选择。

曼德拉是南非的著名的黑人政治领袖，因为反对南非政治当局的种族歧视而被下狱。曼德拉在几乎寸草不生的大西洋小岛罗本岛上被关押了27年，受尽了白人统治者的虐待和侮辱。后来，迫于国内的舆论压力，南非白人政府不得不宣布无罪释放了他。

1991年，南非进行总统大选。深受人民崇敬和爱戴的曼德拉顺利地当选为总统，同时也成为南非历史上第一个黑人总统。在宣誓就职的仪式上，曼德拉的举动震惊了世界。

总统就职仪式上，曼德拉向南非人民介绍了来自世界各国的元首和政府首脑，对他们的到来表示衷心的感谢。之后，又重点向人们介绍了他在罗本岛时期的几位朋友——当时看管他的3位狱警。人们对此感到不解，曼德拉在罗本岛饱受摧残的经历是人人尽知的，南非人民也十分地痛恨惨无人道的白人政府，为什么他们敬爱的总统丝毫没有仇恨的意思，而将这3个人当成重要人物来介绍呢？

曼德拉向人们解释说，自己年轻的时候性格比较急躁，经常发脾气，让周围的人很头痛。后来被关进了监狱，在这一段时间里，他慢慢学会了控制自己的情绪，正是能够忍耐才活了下来。他说：“如果我没有这二十几年的监狱生活的话，或许，现在还是那个暴躁的曼德拉。控制情绪需要长期的磨难才能形成，如果没有这几位朋友的帮助，我是很难得到改变的。”说完之后，转过身来，向他们3个人深深地鞠了一躬。曼德拉宽阔的胸襟让虐待了他27年的白人狱警惭愧不已，台下的观众也肃然起敬，人群中爆发出一阵热烈而又持久的掌声。

后来，曼德拉在答记者问的时候说：“被释放的那一天，当我走出囚室迈过通向自由的监狱大门时，我已经想明白了，没有这27年的磨难，也就没有南非的巨大变化。假如自己仍然把悲痛和仇恨留在心里，那么，我根本就没有走出监狱。”

我们常说，以德报怨，胸襟开阔。这绝不是空穴来风的无稽之谈。宽广的心胸、平和的心境，是一种道德的修养和做人的境界，更是一种不可或缺的处世哲学。宽厚，显示了一个人的思想宽度，相应地，也决定了他的人生高度。

漫长生活里，芸芸众生中，坎坷、挫折、痛苦、烦恼是经常遇到的内容，内心难免会有困惑、烦扰和委屈的时候。只有宽容地面对这些必然的经历，才能使自己拥有一个平静从容的心灵环境，让自己活得更轻松和洒脱些。世上没有迈不过去的火焰山，也没有跨不过的通天河，当你不顺心如意的时候，如果抱着一种平常超然的心态，就会发现此刻不过是接近黎明的黑暗、迎接春天的冬天。

越是美好的东西越容易破碎

俗话说：“金无足赤，人无完人。”在现实生活中，无论一个人多么的优秀，都总会有这样那样或大或小的缺点，或许就是因为这小小的缺点而招致不少人的冷嘲热讽和指手画脚。别人的言论中有善意的批评，也有恶意的诋毁，这些都不是我们个人所能左右得了的。面对这些批评或者挖苦，最关键的还是要拥有一个健康的心态。当一些不和谐的事情闯入我们生活的时候，如果选择的是耿耿于怀、闷闷不乐，那么就上了别有用心者的圈套，是很划不来的。倒不如把这所有的评论当成一种善意的批评来对待，用一种“闻过则喜”的修养来处理，慢慢地改掉存在的不足，让生活趋向完美。

事实上，想要成功，就要做好挨骂的准备。这并不是无稽之谈，而是一个不争的现实。只要是做事，就免不了触动一些人的神经，引起一些人的不满。毁誉参半倒还是一个很不错的结果，现实中，做一件事能够让50%的人满意的概率是很小的。这个世界中，极少有100%的很绝对的事情，越是美好的东西越容易破碎。“清者容浊，高者易折”正是说明了这样的道理。过于清高的人往往也是最脆弱的人，我们没有必要去为一些子虚乌有的事情而伤心和痛苦。他人有他人的看法，我们有我们的选择，在确定一个目标之后，最大的任务就是埋头赶路，而不是留在原地和人纠缠不清，打口水仗。

李强是一个很有抱负的青年，大学毕业之后不想像别人那样毫无目的地乱撞，而是想好了自己的奋斗方向。走上社会，他发誓要出人头地，取得事业的成功。公司里，来得最早的是他，下班后如果办公室里还有一个人的话，就肯定是他。他的工作成绩一直是公司里的第一名，老板对他越来越重视，多次在开会的时候表扬他，这让李强心里充满了希望和激情，决定再接再厉，把工作做得更好。

由于李强是一个工作狂，把许多同事远远地抛在了后面的缘故，引起不少人的不满。聚会、逛街、开车兜风的集体活动从来不愿意让他参与。李强明显地被一些人给孤立了起来，他心中闷闷不乐，工作也失去了激情，以致患上了轻微的抑郁症，最后不得不在朋友的劝说下去看心理医生。

心理医生听完李强的诉说，微笑着劝解说："一切都会过去的，不要太在乎别人对你的看法，人言可畏，只是个人的心理作用，用不着过于伤心。"然而，李强依然无法从失落的阴影中走出。心理医生说："先喝杯茶吧。"说完给他倒了一杯浓茶，心情低落而又焦躁不安的李强刚把茶喝进嘴里又不由自主地给吐了出来，他气急败坏地说："医生，难道你也这么捉弄我吗？这茶又苦又咸，你让我怎么喝？"

心理医生笑而不语，示意让李强继续喝下去。李强只好皱着眉头不情愿地喝了下去。喝到一半的时候，心理医生又加了些水，李强喝下之后，觉得不如刚才那般苦涩了。几杯下来，竟然是清香四溢，沁人心脾，有种飘然的感觉。心理医生问他："如果我把一把盐放进茶壶里和放进江河中，你觉得会有区别吗？"

李强不假思索地说："味道当然不一样了，放进江河里的盐是起不了任何作用的。"

"你说得很对，"心理医生笑着说，"把一把盐放到茶壶里，那茶水就会变得很咸。可是把一把盐放进江河里，江河却不会变咸。这是因为江河比茶壶的胸襟宽广。当别人对你冷嘲热讽的时候，如果你耿耿于怀，那么就好比把盐放进了茶壶中，如果别人的风言风语你自己感觉无所谓的话，那么就好比是将盐放进了江河中。人言可畏，主要还是因为一个人的心胸啊。”

心理医生的一番话让李强顿时醒悟，手中的茶，盐味尽散，更显醇香了。

回到公司后，李强已经不再在乎别人的冷嘲热讽和挖苦，对他那些尖刻的讽刺，显得很从容，反而以德报怨愉快地帮助那些有困难的同事。时间久了，李强也渐渐获得了同事们的喜爱。

王安石曾经说过：“天变不足畏，祖宗不足法，人言不足恤。”其中表现的巨大勇气，是每一个人都需要的精神，也是我们在生活中的一种不可或缺的自我激励精神。无论在什么情况下都能保持积极的心态，这样我们离战胜自我、超越自我、到达成功的日子就不远了。

与其抱怨黑暗，不如点上蜡烛

当今的社会，经济不断进步，科技不断发展，人们的生活条件也日益得到改善。不过，由于我们处在一个巨大的社会变革时代，也就很自然地出现贫富差距加大、自然资源分配不公、竞争日益激烈，而且又不平等的现象。很多人的心里会感到愤愤不平。俗话说：“境由心造。”其实，我们应该抛却内心的苦闷和忧伤，把心放宽一些，享受每日的阳光，感受生活的乐趣和意义所在。

有的人在举手之劳中就能够赚得盆满钵满，而有的人栉风沐雨、披星戴月换回来的不过是勉强糊口而已，这自然会让许多人愤愤不平。殊不知，这一切愤怒的缘由都是来自我们的内心。我们得不到他们的金银财富，也不会有他们无边的烦恼，皎洁的月亮背后是有阴影的，他们内心的痛苦又有谁能了解和分担呢?

有句话说，与其抱怨黑暗，不如点上蜡烛。羡慕别人的风光和富足，并不是坏事，可以将其转化为追求的动力。假如自己的精力不济、能力有限的话，也没有必要在悲叹中堕落，因为你也拥有着别人无法得到的幸福，只是缺少一双发现的眼睛而已。

赵刚和李娜是一对很相爱的夫妻。结婚之后，两个人通过努力工作，终于拥有了自己的房子，告别了租房的日子。乔迁新居之后，夫妻两人处在一种前所未有的幸福之中。

可惜，短短的几天之后这种幸福感就被破坏得支离破碎。他们的邻居除了有房之外还拥有着私家车，而他们上班却还要去挤公交。李娜开始怨恨自己的男人不争气，不能为她提供优厚的物质条件，以致在邻居们面前无法抬头。

赵刚认为李娜是不可理喻，放着好好的日子不过，没事总瞎琢磨，甚至怀疑她的更年期是不是提前了，李娜却说，如果自己的老公是个百万富翁的话，她会马上从更年期返回青春期。

赵刚对老婆的变化感到很惊讶，只好耐着性子向她解释说生活的幸福源于心灵的感受，而不是对物质无限膨胀的需求。他说:“美国一个权威机构曾经做过一个调查，调查的结果是和谐美满的家庭带给人的幸福感觉相当于20万美元，换算成人民币的话，该是多少钱呢?其实我们已经是百万富翁了，只不过是在日常的生活中忽略了这些东西。”

“我们幸福过吗?”赵刚又问。

李娜点点头。

“那么你现在感到幸福吗？”他又问道。

李娜迅速地摇了摇头。

“感受不到幸福就失去了100多万的人民币，那么我们为什么要让自己变成穷光蛋呢？”赵刚把李娜拥入怀里，温柔地说：“虽然我们现在没有大把的钞票存在银行，但至少我们衣食无忧啊，还有着属于自己的房子。我们的恩爱难道远远比不上金钱更有价值吗？我虽然不是富豪，但至少我的心永远都属于你的呀，当初我还是一个穷小子的时候你不是还非常愿意和我生活在一起吗？当初我们租房子的时候，你脸上也没有消失过笑容。如今，我们终于有了自己的家，拥有了一份收入还算不错的职业，难道对这些还不知足吗？你以为那些整天坐在高级车里吵架的夫妻就十分幸福吗？当我们手牵着手买菜回来时不知道有多少人用羡慕的眼光来看着呢。这就是一笔重要的财富呀。”

李娜感到脸上发烫，惭愧地对赵刚笑了笑，以后再也不提百万富翁之类的话题了，从此之后，这个房间里又充满了幸福的笑声。

《菜根谭》里有一句话广为流传：“饭后思味，则一切浓淡之境全消，欲后思淫，则男女之见尽绝。故人常以事后之悔悟，破临事之痴迷，则性定而动无不正。”古人谆谆教导我们，物质的享受，只是暂时的，我们真正应该追求的是心灵的愉悦和精神的达观。

人生中的财富不仅仅表现在金钱上，幸福感也是财富的重要组成部分，甚至比金钱的比重还要大一些。如果能够在感受幸福的同时，用平和乐观的心态去追求正当的物质财富，逐渐提升生活的质量，这样的人生将会达到一种更高的境界。如果一味地羡慕妒忌别人，生活就降低了水平，失去了意义。

星光闪耀，才可以看到万里云天

人生旅途不是一帆风顺的，充满着荆棘坎坷。面对不如意，悲观、抱怨、急躁等很多不应该有的情绪会扰乱美好的生活、蒙蔽明亮的双眼。如果能够以恬淡、冷静、理智的态度去处理这些不顺心的遭遇，就会有一个比较满意的结果。俗话说："忍一时风平浪静，退一步海阔天空。"凡事退一步，生活就会归复平静。退一步，是气度宽广的表现。

古语云："海纳百川，有容乃大。"大海不仅接受奔腾的河流，还容纳涓涓的溪水。人应该拥有大海的胸襟，也应该有能屈能伸的韧性。只有这样，你才可能顺利地度过生命里的每一天，让生命的旅途多一些快乐。事实上，越是有理的人，如果表现得越谦让，就越能显示出他胸襟坦荡、富有修养，这反而更能得到他人的钦佩。

楚庄王时，相国斗越椒不满意自己受到冷落，在楚庄王出征的时候趁机发动叛乱，想让他做一个流亡之君。楚庄王听到消息后，赶紧率军回国平叛，斗越椒武艺高强，箭法很高。交战中，庄王连连败北，差点做了他的箭下之鬼。幸亏帐下有个叫养繇基的小军官一箭将斗越椒射杀，楚庄王才算平了这场动乱，维持了楚国的稳定。

回到都城郢之后，为了庆贺平叛的胜利，楚庄王大摆宴席。他说："如今叛贼已死，内忧除去后可以有条件和中原诸侯争霸了，今天的宴会上，大家尽情吃喝，一醉方休。"将士们一听十分高兴，就尽情地吃喝起来，直到日落西山，仍不尽兴。楚庄王命人点上蜡烛，继续玩乐。微醺之际，让自己最宠爱的夫人许姬出来跳舞助兴。许姬在烛光中扭动腰肢，面若桃花的她让不少喝高了的大臣在醉眼迷离之际，心猿意马、想入非非。正在这时候，突然间一阵风吹进大殿，将所有的蜡烛熄灭了。黑暗之中，有一个人趁着混乱伸手把许姬强行拉进怀中，许姬大吃一惊，痛恨这个家伙的胆大妄为，但又无法辨别这个人的相貌，便在挣脱之中把他帽子上的缨绳给扯了下来。

许姬拿着缨绳向楚庄王哭诉："实在想不到在大臣里还有这样无礼的人，趁着天黑想侮辱臣妾，我扯掉了他的缨绳，请求大王为臣妾做主，点上蜡烛找到那个帽子上没有缨绳的家伙，把他碎尸万段！"庄王连忙对大家说："今天这个宴会，我们君臣不必讲究太多的礼数，大家都把缨绳扯下来吧，这样才能喝得痛快！"等到所有人都把帽子摘掉之后，楚庄王才叫人点亮蜡烛。这样，许姬手中的证据也就失去了应有的作用。

宴会散后，许姬闷闷不乐，责怪庄王不惩罚酒后失态的那个家伙，反而袒护他。庄王笑道："酒后失态，是人之常情。假如因为这件小事而去惩罚那个无心犯错的人，不仅违背了举办宴会的本意，也会让臣下们寒心，日后称霸大业失去他们的支持就很难完成了。所以，你也不要太在意，有人因为你的美貌情愿搭上性命也要去接近，你应该感到高兴才是呀。"

几年之后，楚庄王率兵攻打郑国，命令尹襄老为先锋，出发前，一个叫唐狡的将领说："请将军给我 100 名士兵，我愿意率领他们提前出发，为大军开路。"尹襄老批准了唐狡的请求。

唐狡率领这 100 多人，骁勇非常，一路上连战连捷，一直打到郑国城下。楚庄王听到后，大喜过望，派人找来唐狡，要重重赏他。唐狡却坚辞不受，让所有人都感到很纳闷。唐狡说："不知道大王您还记得宴会吗？那天晚上拉扯许姬的人是我，如果没有您的不杀之恩，唐狡也不会活到今日了。我所做的一切，都难以报答大王您的恩情啊。怎么还有脸再要什么赏赐呢？”

生活不可能永远是春光明媚、万事顺心。当不顺心的事情摆在眼前时，用一种开阔的心胸去面对，用退一步让三分的方法去解决，才能保持生活的质量。理智地退却和大度地谦让，让主动权掌握在自己的手中，这样生命才能更加流光溢彩，星光闪耀，才可以看到万里云天。

换一种方式思考，拥有宽阔的新天地

俗话说：“一千个读者眼里有一千个哈姆雷特。”每个人对生活，对世界和人生都有着不同的认识，感情和想法也是不尽相同。同样的一盆花摆在面前，不同的人会抒发出不同的情感来，既有着“花谢花飞飞满天，红消香断有谁怜”的叹惋，也会有“落红不是无情物，化作春泥更护花”的感怀。同样是天空中的一轮月，李白会叹出“举头望明月，低头思故乡”的乡愁，苏东坡则有着“但愿人长久，千里共婵娟”的期盼。

古人曾说：“失之东隅，收之桑榆。”意在告诉我们，对待事情，不能过于较真，用一成不变的标准去测量。当我们换一个角度来看待的时候，或许会发现，幸福不是在遥远的梦想里，而是在生活的点点滴滴中。世上并不缺少美，缺少的是发现美的眼睛。

1840 年，英国出现了世界上最早的邮票——黑便士邮票。当时由于准备得不充分和组织疏忽的原因，原本预计在 5 月 6 日正式启用的，可是有的城市竟然提前在 5 月 2 日售出。提前发售的邮票价值倍增，一直为后世的收藏家和邮票爱好者们视为价值连城的宝物。但是，由于时间的原因，原本不多的邮票能够流传到现今的只有两枚。“物以稀为贵”，这两枚邮票成了收藏界的珍宝。

100 多年之后，在一次美国的拍卖会上，这两枚邮票终于再次向世人展现了它们的面目。许多人不远万里来到这里，想一睹为快，更有不少的人想将这两枚邮票买下来成为自己的私藏品。

拍卖大厅里面人头攒动，买家们摩拳擦掌，都有着一副势在必得的样子。拍卖师宣布拍卖会现在开始，底价为 10 万美元。刚刚说完，下面便是一阵的鼓噪和叫嚷：“15 万！”“20 万！”“50 万！”“80 万！”价格一路飙升，远远超过了拍卖方预期的价格。当他们准备以 80 万美元的价格成交时，突然间听到角落里传来一声低沉的声音：“200 万！”热闹的大厅突然间安静了下来，人们都把目光投向了角落里的那个神秘人物，却发现这只是一个很平常的年轻人。在拍卖师毫无悬念地连喊三遍“200 万”时，最终落下锤子，完成了这笔交易。

当人们还在震撼之中没有回味过来时，年轻人又做了一件让他们瞠目结舌的事，只见他从口袋中掏出打火机，烧掉了其中的一枚邮票，神色淡定从容。全场的人都认为他疯了。有人大叫着说：“这个傻瓜，你烧掉的可是 100 万美元啊！”年轻人的脸上露出孩子般的微笑，只听他高声喊道：“诸位，从今天开始，世界上 5 月 2 日的黑便士邮票只有这一枚了，因此我宣布，它的价格是 500 万美元，有人想要的话，可要抓紧时间了，因为这是独一无二的！”

不久之后，一位富商花了 600 万美元，从年轻人的手里买走了这枚邮票。

人们都在追求着一加一大于二的智慧，然而这个年轻人追求的却是一减一大于二的更高的智慧，让人刮目相看。失去珍贵的东西，未尝不是一件好事，重要的是拥有一个好的心态。

同样的事用不同样的心态去看待，结果往往也就不一样。日常中的忧愁烦躁，源于我们习惯采取的固定思维。突破传统的思维，换一种方式思考，才会有开阔的视野和清新的天地。

只要懂得放弃，回头并不难

从一而终、锲而不舍是每一个人都需要的坚持精神。如果没有执着的追求，我们也就无法去体验“梅花香自苦寒来”的喜悦和“宝剑锋从磨砺出”的感动。在《荀子·劝学篇》中说：“锲而不舍，金石可镂。”这句话成为激励人们去追求梦想的精神动力。然而，生活并不是我们想象中的水到渠成，执着的追求未必能够换来累累的硕果，而机遇、天赋、爱好、体质这些因素都是不可或缺的，比如，方向感不强的人很难研究地理，个子矮小的人不适合跳高，五音不全的人无法研究声乐，等等。在选择出现错误的时候，仍然抱着“坚持就是胜利”的精神，很明显就不是明智之举了。在这个时候，我们要学会的是放弃。

合理的退让是一种豁达，是一门生活的学问；适当的放弃是一种洒脱，是一种人生的领悟。放弃错误的信念，比坚持不懈更为可贵，放弃的背后，是生活的智慧。放弃不是逃避，适当的放弃是一种理智和从容。那种错误的观念和追求，最终会浪费掉大量的时间和精力，在头破血流之后痛苦不堪。

人生中的很多挫折和失败，都是过度固执造成的。我们承认“爱拼才会赢”的真理，然而更应该明白“爱拼未必赢”的道理。面对一些不可能再有结果的追求，那么，就选择放弃吧，这个时候没有人会认为你是懦弱的，相反，还会为你明智的选择而鼓掌。《易经》有云:“穷则变，变则通。”学会放弃和变通，就会开辟新的人生天地。

从前，有两个道士奉命下山，去到山下的集市上购买道观里所需的粮食。从道观通往集市的路有两条：一条是沿山路，向前一直走，经过一条大河就可以到达。只不过河上有一座年久失修的木桥，走在上面吱吱呀呀的，好像一不小心桥就会断开，走在上面的人也会掉进湍急的河水中。而另一条路要绕过一座大山，再蹚过一条小溪，来回需要一天一夜的时间。

第二条路太遥远了，一天一夜的时间才能赶回来，既费时又费力，两个道士自然是不愿意走这条路的，他们都选择了走近路。两个人说笑着走下山，来到河边，准备走过桥去。这时候，年龄大的道士一把拉住师弟说:“我们还是退回去吧，这桥今天是过不去了。”小道士感到很奇怪问道:“好不容易走到桥头，为什么还要退回去呢？”师兄指了指桥面说:“你看，这座独木桥上已经有了断裂的痕迹，我怕我们走到中间的时候桥就会塌下来，到时候我们两个就会性命不保了。”小道士看了看之后说:“我们已经走到这里了，过这座桥就是集市，如果再退回去的话不知道要耽误多少时间哪，还不如现在就赶路，说不定桥板还能支撑得住我们两个呢。”

小道士的倔强是出了名的，执意要走过桥去。师兄无论如何都没有办法拦住他，索性抢先走到小道士的前面拾起了一块石头拿在手中。顺手就朝着独木桥上砸去，只听到“砰”的一声，腐朽老化的独木桥应声而落，坠入三四丈下湍急的河流中。偌大的独木桥竟经不起师兄手中小石块的轻轻一击！小道士惊得半天说不出话来！感激地看了看师兄，继而庆幸自己没有踏上危桥，又暗自为自己的鲁莽、倔强和固执感到羞愧。

小道士一路上都在感激着师兄的救命之恩，说：“刚才幸亏你的投石问路，要不然，不仅去不成集市，连我这条小命也将不保，说不定就要葬身鱼腹了。当时的我只想着抄近路早一刻走到集市，满脑子里想的都是绕远路的难处，却没有想到独木桥的危险性，实在是罪过呀。”师兄意味深长地说：“只要懂得放弃，回头并不难。”

只要懂得放弃，回头并不难。其实人生又何尝不是如此，坚持错误的选择，该放弃时不放弃，继续下去可能遭遇更可怕的后果；该放下时不放下，只会让身心的负担越来越沉重。生活中如果太希望赢的话，很可能输得很惨；太在乎得失，又很有可能失去的更多。总想腰缠万贯，最后很可能会因为急于求成而变得一名不文。

金钱、荣誉、地位、权力，以及健康的身体、成功的事业、幸福的家庭，样样都是我们所梦寐以求的，成功对我们来讲太有诱惑力了。然而成功的含义并不仅仅指的这些，如果把这些东西用毕生的精力去追求的话，那么生命就会变得不堪重负，在不知不觉的状态下堕落。究竟该如何解救一下自己呢？只有放弃一些错误的观念，用平和的心态去面对，而不能太过于苛求自己。

学会糊涂，是智者的选择

田径比赛中，人们总会为第一个冲到终点的人欢呼，对后来到达终点线的人，尽管在比赛过程中有着各自的精彩，观众们却很吝啬他们的掌声和笑脸。其实人生的旅程也是一场竞技比赛，出类拔萃、出人头地的永远是一些为数极少的幸运儿，绝大多数人都是在默默无闻的平凡生活中度过一生。因为差距的悬殊，我们往往会陷入盲目与别人的比较之中，无端地产生不平衡的心理，而让自己生活在无谓的痛苦中。

人和动物的区别就在于人有着思维能力，这是上天对于高等动物的恩赐，同时也是烦恼的根源。问题想得越多的时候，人就越感到困惑和不解。世界是庞大而又复杂的，很多的东西都处在混沌状态。世事之多，要想究其穷尽，过分地追求是非曲直，生活将会陷入无边的烦恼之中。事无巨细、斤斤计较，表面上看起来精明得很，实际上却是患得患失、心胸狭隘，是自作聪明的愚蠢之举。为一些鸡毛蒜皮的小事耿耿于怀、忧心忡忡，既丧失了风度，还可能被别人小看了人格和心胸，倒不如糊涂一点，做到随遇而安。

糊涂不是一种消极的生活态度，而是一种大智慧。了解郑板桥的人可能会觉得“难得糊涂”只是一句无奈的话。但我们应该知道，“难得糊涂”不是某个人的专利，而是中华民族传统哲学的精髓。凡事故意糊涂一点，未尝不是一种明智的解脱。

郭子仪在平定“安史之乱”中立下了汗马功劳，唐代宗把升平公主赐给郭子仪的儿子郭暧为妻。升平公主和郭暧也算得上恩爱，但因自小在皇宫里养尊处优习惯了，嫁入郭家后依然端着金枝玉叶的架子，动辄使小性子，对丈夫和公婆大发脾气。

郭子仪过寿的家宴上，按照规矩儿子要携媳妇行礼拜寿。但是升平公主满脑子的“君为臣纲”，觉得皇室成员向大臣行跪拜之礼有辱金枝玉叶的尊严，因此在这一天拒绝参加公公的寿宴。平日里公主的颐指气使使郭暧不敢造次，尚属闺房内之事。这次的拒绝行参拜礼却让他在大庭广众之下颜面丢尽。郭暧心中不爽，喝得酩酊大醉，回到房中找媳妇算账，要求升平公主遵守孝道，向公婆下跪行礼，收起金枝玉叶的架子。升平公主非但不听劝，还对郭暧侮辱一番说：“郭家的荣华富贵都是我们李家赐给的，哪里有皇族向臣下下跪的理？”喝醉了的郭暧怒火中烧，顾不得昔日情分，将公主按在床上一顿暴揍，并骂道：“皇帝有什么稀罕，你倚仗着你的父亲是皇帝，可那是我父亲让给他的，假如他老人家想做皇帝的话，哪里还能轮得到你们李家？”

公主受了天大的委屈，愤愤不平。跑到皇帝面前告状。说郭家意图谋反，唐代宗当场吓得几乎晕厥过去，差点从龙椅上跌倒。等公主将事情的详细经过讲完后，才知道是虚惊一场。公主哭泣着请求治郭暧的罪，唐代宗只是说道：“他的父亲不愿意当皇帝是实情，如果想做，我们现在说不定还在蜀中待着呢，这天下哪里还会再姓李呀？”

郭子仪听说儿子打了公主，心中惶惶不安，唯恐大祸临头，殃及全家。把郭暧抓起来用家法狠狠地打了一顿。押着儿子来到皇宫向皇帝和公主请罪。面对请罪的郭氏父子，唐代宗亲自走把郭暧的绳子解开，一番好生安慰，又对郭子仪说：“儿女闺房琐事，何必计较太多，这不是作为长辈所该管的，我们只能装聋作哑，权当没有这回事算了。”在唐代宗的调解下，事情的结局是皆大欢喜，小两口又和好如初了。从此之后，升平公主也不再骄横跋扈，变得贤淑无比，流传下来不少被世人称赞的事迹。郭暧和升平公主成为中国古代有名的模范夫妻。

难得糊涂是一种至高的境界，在纷繁变幻的世界中，能看透事物，看破人性，能知人间风云变幻、处事轻重缓急，它能体现一个人的胸襟坦荡、包罗万象的气度。学会适时糊涂，是智者的选择。

第六章

人一简单就快乐，一复杂就痛苦

人一简单就快乐，一复杂就痛苦

在大多数情况下，我们面对着复杂的社会环境和生活，犹如背负着千钧的重担，感到疲惫甚至窒息。其实，这一切只是一个表面的现象，因为我们的心灵被束缚了。红尘浮世中，人一复杂就痛苦，人一简单就快乐。无论外部的力量有多么强大，无论出现在什么时候，只要用一个简单的心态来看待它，这些沉重的担子就会变得很轻。它们的好坏，取决于一个人的思想和认识，因此，保持一份轻松和简单，生活也就会变得轻松起来。

人有时想得到的太多，而自己的能力很难达到，所以我们便感到失望与不满。其实，静下心来仔细想想，生活中的许多不尽如人意的事情，并不是你的能力不强，恰恰是因为你那复杂的心灵和没有边际的欲望所造成的。太多的欲望反而束缚了自己的手脚，使得本来简单的事情复杂化了，凭空给自己的人生增添了许多不必要的烦恼。

亚历山大大帝在进军亚细亚之前，路过著名的朱庇特神庙。关于朱庇特神庙有个著名的预言，这个著名的预言说，谁能够将朱庇特神庙的一连串的绳结打开，谁也就能够成为亚细亚的统治者。在亚历山大大帝到来之前，这个绳结已经难倒了很多国家的智者和国王。亚历山大大帝满怀期待而又怀着忐忑的心情来到绳结前。

这个绳结的设计果然是天衣无缝，无懈可击，用一般的方法很难打开。亚历山大大帝用尽了各种方法之后都不能解开。最后，他把剑一挥，绳结被一劈两半，这个困惑了世人几百年的难题就这样极其轻松地被解决了，亚历山大也因此成为亚细亚的帝王，众人心服口服。

紧张忙碌的生活节奏很容易让人的心境失去平衡；色彩纷呈的世界充满了无穷无尽的诱惑，如果沉浸在患得患失的心情当中，就会感到心力交瘁、迷茫躁动。只有保持一颗宁静简单的心灵，不眼热权势显赫，不眼红金山银海，不奢求万人瞩目，不羡慕香车美女，那么，生命中就不会出现负荷，处处充满蓝天白云。

孙琳大学毕业后如愿以偿地到当地的《城市晚报》报社做记者。这天，他的上司交给他一个任务：采访优秀检察官关为民。

初来乍到就能够接到如此重要的采访任务，充分证明了领导对孙琳的重视。但是孙琳却无法高兴起来，而是愁眉不展。毕竟，《城市晚报》在这个城市当中只是一个一般的报纸，而自己也只是一个刚刚出道、名不见经传的小记者，怎么有资格去采访赫赫有名的大检察官关为民呢？他向同事赵阳倾诉自己的苦恼。赵阳拍拍他的肩膀，说：“我很理解你。让我来打个比方：你现在好比躲在阴暗的房子里，然后想象外面的阳光多么炽烈。其实，最简单有效的办法就是往外跨出第一步。”

赵阳用桌上的电话，拨通了关为民的办公室电话，直截了当地提出了他的要求：“我是《城市晚报》新闻部记者孙琳，我奉命采访您，不知您明天能不能抽出时间接受采访？”站在旁边的孙琳听了吓了一跳。赵阳一边打电话，一边向他扮鬼脸。接着，孙琳听到了他的答话：“谢谢您。明天下午1点半，我准时到。”

“瞧，直接向他说出你的想法，一切问题就迎刃而解了，”赵阳向孙琳扬扬话筒，“明天下午1点半，别忘了你的采访时间。”一直在旁边看着整个过程的孙琳面色放缓，他终于明白，有许多事情其实很简单，只是我们自己把它想得过于复杂了，因此也就丧失了机会。

“生于忧患，死于安乐”的生活态度并不是我们想象中的那样整日在忧心忡忡中度过，孟子说这句话的时候也在鼓励着人们用积极的心态去解决眼前的困难。人生路漫漫，磨难和挫折，会在我们毫无准备的情况下不请自来，只要我们能够处之坦然，就不会在消沉中徘徊。坦然地面对生活，哪怕荆棘遍地，只要播下成功的种子，拥有美好的希望，即使乌云密布的天空也能采撷到一抹美丽的朝霞。

做到让“绝望”对你绝望

在人生的道路上，困难和挫折是让我们避之不及的东西，人生难料，生活中充满了太多的变数。当我们遇到逆境时，千万不要沮丧抑郁，无论发生什么事情，无论你有多么痛苦，都不要沉溺其中，不能自拔。陆游有诗云：“山重水复疑无路，柳暗花明又一村。”在这个世界上，很多种情况下，人所处的绝境，并不是真正的生命绝境，而是一种精神和信念的绝境，你的精神和信念永远不要垮下，在绝望中，也仍要追寻希望之星。

或许，今天的机会全部丧失，一切的希望全都落空，所有的依靠只是一棵救命的稻草，但面临着全盘皆输的困境，至少生命还在，明天还存在，需要做的不是绝望后的无奈，而是满怀激情地等待明天竞技场上的重新洗牌。坚持着，将眼前的无奈痛苦和困顿都远远地抛开，把所有的不如意都踩在脚下，垫高生命的高度，抬起头来看看明天的风景，想想战胜失败后的心情。冬天来了，春天还会远吗？最黑暗的时刻也就昭示着黎明的脚步越来越近，明天一切都会好起来的。

每个人都有怀才不遇的时候，也有受压制被埋没的时候，但是，面对一时的困难和挫折，放弃心中的信念，脑海里写满绝望，那么生命也就失去了任何意义。人，不就是在一步一步的探索中逐渐成长的吗？无论人生的前景多么黯淡，哪怕看不到一丝亮光，也要把希望的种子耐心珍藏。无论遭受多少艰辛，无论经历多少苦难，只要一个人的心中还怀着一粒希望的种子，那么总有一天，他能走出困境，让生命重新开花结果。

1933 年美国经济危机时，罗斯福总统说过一句话：“我们最害怕的就是‘害怕’二字，只要是我们有希望存在，就一定能够战胜眼前的困难。”其实，失败挫折并不可怕，可怕的是失败后对信心的失去。让我们感到绝望的只有“绝望”二字，如果以一种坚强的心态来面对一切的不如意，让“绝望”这个字眼对我们本身感到绝望，那么，我们的生活一定会充满欢乐和笑声的。

相信自己，相信人生的光明面

这是一个偶像崇拜的时代，这是一个“粉丝”满天飞的时代，我们崇拜舞台上光辉灿烂的明星，却将本来优秀的自己抛弃在了尘埃中。当我们仰视别人的时候，也就沦落到了忽略自己的境地。每个人生来都是一样的，所不同的就是面对生活的态度。这个世界上，可以崇拜的人有很多，但最应该崇拜的，应该是自己本身。自己是自己的上帝，自己是自己的主宰。任何成功靠的都是自己的努力和机遇，跟别人的暗地照顾没有决定性的关系。天道酬勤，只要你一心向善，执着拼搏，生活一定会“芝麻开花节节高”。

俗话说：“英雄不问出处”。其实每一个人的出处都是一样的，都是经过了一番激烈的竞争和痛苦的磨难才来到了这个世界上。每一个人来到人世间，都是以一个成功者的面孔出现的。

某大学里的一间教室中正在上生命科学课，讲课的教授是一个非常风趣的老先生，他摊开演讲稿，然后拿出三幅图解挂在讲台前，一幅是男性生殖器图，一幅女性生殖器图，还有一幅是受精卵形成图。同学们顿时鸦雀无声，这是他们第一次这么直白地面对这些东西，每个人都十分严肃。

老先生并不理会同学们的惊异，而是提了一个问题作为他演讲的开场白：“大家知道吗？你生来就是要做冠军的。”而后，老先生指着挂图道：“今天主要讲第三个图解，这是我讲的重点，要知道你们来到人世间是多么的不容易。”

“你知道吗，你是一个很特殊的人，为了生下你，许多战斗发生了，这些战斗又必须以成功告终。想想吧，成千上万甚至上亿的精子参加了那次战斗，然而其中只有一个赢得了胜利，就是构成你的那一个。这是为了达到一个目标而进行的大规模的战斗，这个目标就是结合一个宝贵的卵，你的生命决定性的战斗就是在这样的微型战场上进行的。”

这时，很多低着头的女生抬起了头，对老先生的讲解充满了赞同。老先生接着说：“所以你能来到这个世界，你就已经是一名冠军了。”台下的同学以热烈的掌声回应了老先生。

老先生接着讲道：“然后，你们现在已经进入大学，也就相当于半只脚已经跨进社会的大门，以后你会遇到很多障碍和困难，但是你要记住你生来就是一名冠军了，现在无论有什么障碍和困难挡在你成长的道路上，它们都不到你在成胎时所克服的障碍和困难的1/10那么大。”

这不是一般的上课，而是一场激励人生的精彩演说。教授的话，让我们懂得了人生的不易。我们生来就是要做冠军的，那些能够产生热烈的愿望以达到崇高目标的人，才能走向伟大。

每个人都要做自己的“粉丝”。无论发生什么事，无论处于什么环境，都要相信自己一定能够成功。自信，是每一个渴望成功者的必备素质，在积极心态的支配下，无论遇到任何的困难和挫折，都要不言放弃，持之以恒，坚持到底。让自信扎根于灵魂深处，随着心脏一起跳动，伴着血液一起流淌，推动在生活上和事业中的进步，获得成功。

海明威说过:“人不是为失败而生的。”自信，代表一种高度整合的积极心态。相信自己，相信人生的光明面，能使我们在面临恶劣的情形时仍能寻求最好的、最有利的结果。事实也证明，当你往好的一面看时，你便有可能获得成功。积极思想是一种深思熟虑的过程，也是一种主观的选择。

学会减压，增加心理的宽度

我们经常说生活要做到拿得起放得下，而现实中拿得起容易，放得下却需要一定的勇气和智慧。生活中有着太多的困扰，比如子女的升学和就业、老公的升官或发财、公司里的升职和加薪、朋友中的误解和纠纷，等等，给了我们太多的愁结，也就有了无法释怀的心绪，如此，也算得上进也忧退也忧了。但是，这无时不在的忧愁，让本该色彩斑斓的生活变得毫无光色，人生追求快乐的内涵也发生了演变。每个人在这些烦琐的小事当中，失去了悠闲与从容，变得过于急躁，从而降低了生活的质量。

我们说，生活本身就是为了追求快乐，而快乐的秘诀就是零负担。当被一个个的重担压得无法抬头难以伸腰的时候，生命就成了只会追求物质利益的机械工具，远远地被快乐所抛弃。幸福感和压力的关系成反比，压力越大，幸福感就越小。生活里的点缀太多，就会遮蔽人生本该有的意义。

克罗姆是一个很不错的画家，对待客观世界总是有着一份独特的认识，在他的画中，表现的不是对客观物象的复制，而是一个充满激情和灵感的思想者的主观意识。在创作的过程中，克罗姆是快乐的，因为画笔下，是一个人的内心世界。但是，很多人无法理解他的作品中体现的情感，也很少有人去光顾克罗姆的画室购买那些美轮美奂的作品。克罗姆对此有点伤感，但不久之后就释然了。

克罗姆的生活是平淡的，在朋友的眼里却是清贫的、无趣的。有一位朋友劝说他："别整天闷在画室里了，去玩玩足球彩票吧，只花两马克就可能成为百万富翁的。"

克罗姆拗不过朋友几次三番的劝说，就去彩票站花了两马克买了一张足球彩票，没想到，居然中了大奖，奖金是50万马克。

他的朋友为他感到高兴，前来恭喜他："你真幸运呀，能够中这么大的金额，我买了许多年，连10马克也很少中过的。你现在还经常画画吗？"

"我现在就剩下画支票上的数字了！"克罗姆抽着烟笑道。

有了钱毕竟是一件好事，让克罗姆有充足的财力去做想做的事情了。他在郊区买了一栋别墅，花了一个星期的时间按照自己的审美情趣进行了装修。克罗姆是一个有着很高的品位和生活情调的艺术家，铺上了阿富汗地毯，放置了维也纳橱柜，摆上了佛罗伦萨的小桌，又在天花板上安装了古老的威尼斯吊灯，并从唐人街里买回来中国的瓷器。

忙碌完之后，克罗姆满足地看着自己的新家，心中充满了惬意，点燃一根烟坐在那里，静静地欣赏着这充满古香古色情调的室内空间，享受着这一刻的幸福。这时候，他突然想起来要让邻居来一起欣赏这个艺术的房间，于是习惯地把烟蒂往地上一扔，慢慢走下楼去。香烟静静地躺在地上，未燃尽的烟灰烧着了华丽的阿富汗地毯，半个小时之后，豪华的别墅变成了火的海洋，克罗姆的心血被大火燃烧得一干二净。

闻讯赶来的朋友和克罗姆望着化为灰烬的别墅，久久说不上话来。最后，朋友劝慰道："真是太不幸了，克罗姆，你现在一无所有了。既然事情已经发生了，就不要再难过了吧。"

克罗姆的神色却是很平静，对朋友说："其实这没有什么，损失的只不过是两马克罢了。"

英国科学家贝佛里奇指出："疲劳过度的人是在追逐死亡。"我国唐代著名医药家、养生学家孙思邈在《千金方》里说："养生之道，常欲小劳，但莫大疲，莫忧思，莫大怒，莫悲愁，莫大惧，勿把忿恨耿耿于怀。"意思是这些心理负担都有损于健康和寿命。事实也是如此，有的人之所以感到生活很累，无精打采，全是由于心中的焦虑太多的缘故。

古语说："宠辱不惊，看庭前花开花落；去留无意，望天上云卷云舒。"我们处在一个信息化、工业化的社会中，却丝毫不妨碍学习古人的生活态度，对待生活多个"心眼"，学会减压来给自己增加点心理宽度，你就会在生活中少一份烦恼，多一份快乐。

上帝只拯救能够自救的人

在现实生活中，人和人之间存在着很多的差异。有的人腰缠万贯，有的人食不果腹，有的人绫罗绸缎，有的人却破衣烂衫。同样，人与人的心态也存在着天壤之别。有的人热情开朗、笑如春风，有的人则是心灰意懒、怨天尤人。同样的物质条件和同样的客观环境，为什么还会出现巨大的心态差异呢？事实上，物质的多寡、环境的优劣，只有通过我们的内心才能起到作用。我们传统的哲学里讲究境由心造，相由心生，并不是毫无道理可言的，而是有着深刻的哲学意义。

其实，每个人的不幸，并不完全取决于得不到命运的垂青，多数情况下是被一种不良的世界观所误导，一步步地滑落到狭隘、自私、阴暗、怨恨中不能自拔，不能自救，同时，又在抱怨着社会的不公，命运的不平，从而怨气冲天、自暴自弃。如此一来，形成一个恶性循环，别人站在一边焦急万分，想帮助他脱离苦海，却总是无计可施，找不到正确的切入点。

有人常把幸福和痛苦归结为运气使然，其实，远不如说是一种感觉要正确些。每天的阳光都是迷人的，但人的心情却有着千差万别。善于忘记不快的人，比较容易抓住幸福。而那些对昨天失去的奶酪耿耿于怀的人，往往会触景生情、黯然神伤。生活中，无法预计的事太多，但可以把握的是我们的心情，对待生活的沉重包袱，尝试着用一种减法来看待，你会发现，生活竟是如此美好，幸福的距离也不是想象中的那么遥远。

很久以前有一个贫苦的女人，与丈夫相依为命，一起过着清贫但又不失快乐的生活。不料丈夫突然得了重病，不治而亡。

女人感觉天仿佛塌下来一样，整日号啕大哭，捶胸顿足，咒骂老天爷对她无情的打击，怨恨上天为什么不把她也带走。正巧一位佛学大师云游路过此地，告诉这位女人说："我可以帮助你让你的男人活过来。"

女人一听，眼睛睁得大大的，说："如果您能够让我的男人活过来的话，我做牛做马也要报答您的大恩大德。"

大师道："你如果能找来一种香火，我便可以拿着此火为你丈夫许愿，叫你丈夫复活。"

"那是什么样的香火呢？"女人问。

"这种香火就是从来没有死过人的人家燃着的香火，你去把它找来吧。"大师说。

女人听了大师的话，便满怀希望四处讨香火去了。

每到一户人家，女人就问：

"你家死过人吗？"

"死过，曾死过不少人呢。"

女人继续走，每到一户，她依旧问：

"你们家以前死过人吗？"

"死过，我们的祖先都在我们前面死了。"

就这样，女人跑了许多路，问了不知多少户人家，每家的回答几乎一模一样。无可奈何，她回来了，告诉大师："我已经遍求所有人家，却没有一家没有死过人的，这样的香火看来我是取不来了。"

大师说："既然人都是要死的，你又何必为丈夫的去世而过度地悲伤来摧残自己呢？"女人听了犹如醍醐灌顶、茅塞顿开，谢过大师之后，回到家中，继续快乐地生活了。

西方有一则谚语说:“上帝只拯救能够自救的人。”生活中拥有欢乐笑声的人，没有一个是意志消沉、自暴自弃、心胸狭隘的人，他们懂得如何运用减法处理烦恼和不愉快。真正的上帝不是十字架上的那个人，而是我们每一个人自己。

人活着，总有不如意的时候，我们应该学会的是如何面对这些困难和不顺。一旦陷入无边的烦恼中，就好比背着棉花掉进了池塘里，不肯放弃，只会使自己肩上的担子越来越重。在事业中，我们讲究不进则退，在生活中，我们也应该讲究“放下”的处世态度。心中有阳光，再恶劣的天气也不会影响我们的心情。

不抱怨，成功就在灯火阑珊处

痛苦和不幸是人生中的必修课，尽管很多人试图躲避或者绕道而行，最终仍免不了要去面对。磨难的考试是公正的，不会给人留下一丝作弊的机会，能否通过这次考试，命运和他人无法从中帮忙。当遇到痛苦和不幸的时候，完全有理由去诅咒命运的不公平，但是，在诅咒之后放弃对生活的希望和勇气，那么，此人的人生就是不及格的。在生活这张试卷上，取得高分的人，往往是心态健朗、自珍自爱的人。困难就像一面镜子，你对它哭，它就会对你哭、你对它笑，它也会不吝啬自己的笑脸。

一位哲人说过这样一句话:“自救是摆脱厄运唯一的武器。”多数人的生命历程告诉我们，每个人从事的职业不同，遇到的困境和矛盾不同，但是依靠自己与命运进行不屈的抗争，开创崭新道路的选择却是相同的。

有一位雕刻大师的经历是十分坎坷的，他前半生的经历让人难以想象又无法接受：他一生下来右腿就有残疾，在母亲去世之后，父亲为他娶了一位后母，当父亲和后母生下了自己的孩子之后，这位雕刻大师就成了无人管的孩子，只能靠自己的双手来养活自己。为了生活，他来到煤矿上做了一名工人，从那时开始他对各种各样的石头产生了兴趣，于是自学雕刻。后来，发生了矿难，他的工友们都死在了井下，他却奇迹般地存活了下来，可惜的是，他的双腿已经全部残废。

他开始靠卖雕刻作品来糊口生活，当生活条件刚刚得到改善的时候，他的后母却把生病的父亲送到了他的身边。父亲的医疗费用对于清贫的他来说是一笔天文数字，后来，竟然连一间房子也租不起了，最后他只能和父亲搬到城郊的一处空地上，然后用捡回来的东西搭盖成一个窝棚……

在困难面前，他从来不抱怨，也没有意志消沉，成为雕刻家的梦想一直在激励着他前进。功夫不负有心人，在50岁那年，他终于出名了。

一位愁眉不展的年轻人来到雕刻大师跟前，他说自己不可能会成功，但忍不住要来这里想和雕刻大师学习。

年轻人说：“我在雕刻方面只有兴趣，却没有天分，家里很穷困，无力购买雕刻工具，如今的社会竞争力太大，没有时间静下心来去钻研艺术。”

年轻人一口气说了一大堆理由，雕刻大师没有接他的话，而是突然问：“你喜欢哪个季节？”

年轻人仍是一脸无奈地说：“春天花朵盛开的时候，我就会花粉过敏；夏天太热，让人感到透不过气；秋天遍地荒凉，心中总有一腔愁苦；冬天漫天冰雪，冷得我根本无法忍受。”讲完之后，他迷惑地问道：“我想向您学习成功的经验，您为什么要问我这些呢？”

雕刻大师反问他：“你认为我是靠什么成功的？”

年轻人想了想，说："在雕刻方面，您的才华出众，和您的天分有着很大的关系吧？"

雕刻大师带年轻人来到后院的一个柜子前，取出其中的几件作品让年轻人看，那是一些大师早期的作品，这些作品都显得十分笨拙，连业余的水平也算不上。"这些作品就是我在钻研雕刻半年以后完成的作品。"雕刻大师看着一脸惊讶的年轻人说。

雕刻大师又拿出刚刚雕刻的一枝花朵对年轻人说："如果想让自己的生命多姿多彩，那就要付出全部努力，用心雕刻生命的花朵。如果你不用心雕刻，它就永远是一块没有用的石头。"

在我们的生活中，常被许多无形的铁链所束缚，我们也习惯地认为这是很自然的现象，从而挫伤了应有的勇气、扼杀了创新的能力、开始了对环境无休止的抱怨及对命运的咒骂，其实，真正拴住我们身心的是那颗变了形的心，当我们能够将这些链条打开之后，就会发现成功并未离我远去，而是在灯火阑珊处静静地等待着我们的到来。

忘记过去，从今天开始

世间的很多事情，无法做到一帆风顺，在进取的过程中总要经过一些曲折的经历。但往往是在我们还没有做好心理准备的时候，不愉快的影子突然出现了。面对这些不幸，如果意志消沉、终日以泪洗面的话，你就可能永远站不起来。假如把不幸当作新的起点，那么，在困难面前就会做到心静如水，没有懦弱，人也会变得更加坚强，成功也会越来越近。如果消极躲避，就会被失败和悲观的藤蔓缠绕，失败的距离也会越来越近。

任何的事情都不可能一蹴而就，法拉第告诉我们说：“拼命争取成功，但是不要期望一定会成功。”生活中充满了很多变数，这些变数当中并不只意味着是坏的一面，如果保持一个乐观冷静的心态，就会发现一切的不利只是表面的现象。消极因素固然存在，但是我们不在消极中迷失方向，而是坚定地相信明天一切都会好起来，明天的太阳依旧是灿烂无比，那么就会摆脱失败的困扰，转身投入欢乐的人群当中去，更不会锱铢必较地去计算今天是得大于失还是失大于得。

生命是美丽的，也是短暂的，我们应该在有限的生命当中活出无限的精彩。每一天的经历，是组成生活的一个个元素，也是演奏出生命交响曲的乐器。当你积极地去弹奏时，就会陶醉在如歌般的生命当中。面对自然环境，珍惜生命的人也会珍惜生命赐予的点滴，发挥自身的潜能，寻找成功的切入点，积极地为明天做准备。

维莱瑞·史璜生活在明尼苏达州的一个小镇里。高中的时候她在当地的戏剧团里就已经小有名气。面对着这些成就，她决定要在演艺界中开创一片自己的天空。她在当地的大学读了两年书，为了能够让自己拥有一个更高更大的舞台，她决定到纽约的美国演艺学院就读。

然而在演艺学院里，她的同学有着比她更高的天分，尽管维莱瑞·史璜的学习比较努力，但在竞争中总是处于失败。当她想起以前小镇上的辉煌时，总觉得那已经不是荣誉，而是变成了一种耻辱。后来，她在回忆这一段生活的时候说：“我过去算是长得还不错，又有一些天分和经验。但是和其他年轻人相比，我并不是个演艺界的好苗子。我烦恼了好几个星期，晚上睡不好，在学院的表现就更糟糕。最后，就在几个月以前，我退学了。我不敢告诉父母，但是我认为自己既然不上学了，就不能接受他们寄来的钱，因此开始找工作，但是我能做什么呢？我没有一技之长可转行去坐办公室或做其他任何工作，因为我过去的一切梦想和计划，都是以演艺为终身职业。”

在经历几次挫折之后，维莱瑞·史璜几乎对生活感到失望了。正当她准备偃旗息鼓回到家乡小镇上的时候，一个就业辅导单位的女士注意到了她，对她说：“你眼前的困难和挫折都是暂时的，你是一个很有天分的女孩，只是被眼前的假象给迷惑了。你应该静下心来，好好审视一下自己，看看你的长处到底在哪里，加强你的优点，消除缺点，你就一定能够获得成功的。”维莱瑞·史璜思考了几天之后，发现自己有着很强的交际能力，也有着超常的智慧——至少在学校读书的时候成绩不错，于是她就开始了加强优点的准备，为未来做出了一个可行的计划。她回到学校继续学业，取得了教师资格证书。在学校里为了挣够学费和生活费，她开始重新学习打字，后来做了一份接待员的工作。她的生活发生了巨大的改变，心情也好了很多。

我们经常讲：“忘记过去，从今天开始。”忘却那些让你无法释怀的痛苦，铲除奋斗的障碍，就能够保持一个健康向上的心态，满怀希望地拥抱明天，等待你的，必将是灿烂迷人的阳光和硕果累累的收获。

追悔过去，只能失掉现在

有一句话是这样说的："人生下来的时候都是正版的，但在几十年之后不少人变成了盗版。"人生的无常就在于，它不像一个施工图那样能够严格地按照事先的规划去建设，而是会遇到许多不愿意见到但是又无法躲避的低谷、失落和痛苦。面对悲哀、痛苦和低落的阴影，坚强乐观的人能够继续保持强大的进取心，而悲哀的人，就会无限地放大痛苦和磨难，从而垂头丧气、一蹶不振。

事物是不断向前发展的，人生的历程也就是一个不断超越自己的过程。过去无论是叱咤风云还是不堪回首，随着时间的流逝都将越走越远，脚下依然是一条崭新的道路，沉溺于昨天的伤痛之中，智慧给那双整装待发的双腿拴上沉重的枷锁，给不堪重负的肩膀增加一副重担，本来可以心情舒畅的新征程就会成为昨天失败的复制品，恶性的循环会更深程度地摧残我们的身心，每个人都不想让挫折和失败一直困扰着自己，那么，我们何必为了昨天的失去来干扰今天的心情呢？只有忘却过去的坎坷，所有的磨难才能拥有其本身所固有的价值，把绊脚石变成垫脚石，支撑起人生的高度。

陈安之是全球著名的励志大师。在他十几岁的时候就漂洋过海，来到美国开始各种工作的尝试。但是，由于环境的陌生和社会阅历的浅薄，经常遇到被老板炒鱿鱼的情形。但是，他并没有丧失应有的信心和梦想。每天早晨出门时，都要进行自我的拷问："陈安之，难道你甘心做一个卖刀的业务员吗？"回答说："绝不！"

一次偶然的机会，陈安之遇到了他的老师安东尼•罗宾，在老师的教育指导下，他的人生从此发生了改变。

安东尼在1000多人的研讨会中讲述自己的奋斗过程：22岁的时候他还是一无所有的穷小子，后来了解了一种“神经语言”的课题，自己的命运得到了改变。

安东尼告诉他的学生说：“这个世界上没有失败，只有暂时的停止成功。过去不等于未来。”他的每一句话都给陈安之的心里注射了希望的兴奋剂。从此之后，陈安之多次参加研究课程，在1989年，他和70名优秀的成员竞争讲师的职务。

在上交履历之后的很长一段时间里，陈安之一直没有得到回音。于是，他就自己寻找机会来到了总经理的办公室。那位总经理态度十分的傲慢，见到陈安之就搪塞地说：“你和别人一样，等明天上午的通知，好吧？”陈安之并没有放弃，而是说：“当我把履历递交到您手里的时候。我就下决心一定要得到这一份工作了，我相信自己完全能够胜任这份工作，为了减少您的麻烦，您还是现在就录取我吧！”

然而，总经理依然是摇头，坚持要陈安之等待明天的答复。陈安之就立刻询问他公司里最佳的业绩，保证自己能够成为最好的推广讲师。陈安之用雄厚强大的实力在总经理的面前推销着自己，最后终于征服了这位高高在上的总经理，爽快地答应让他来公司上班。短短几个月之后，陈安之毫无悬念地成为公司最棒的讲师，同时也实现了人生的梦想。

有句成语叫作“明枪易躲，暗箭难防”，这句话也为明处和暗处的对比提供了有价值的信息。暗处的人或许环境是漆黑的，但正是因为在暗处，也就不用顾虑别人的关注，自己能够更加冷静地分析所处的环境和人生阶段，更加理智和清晰地看到光明，对自己的人生和事业有着十分重要的指导意义。因此，当我们处在人生的阴暗面时，没有理由去伤心和堕落，而应该庆幸上天赐给了我们一个绝佳的机会。

生活的历程不会是一马平川，难免会遇到绊脚石和拦路虎，往往在这些绊脚石和拦路虎的背后潜伏着巨大的机遇，只有智者的慧眼才能够寻找出它的存在。“福祸相依”是我们古老的哲学，辩证地看待困难又是我们上中学时常见的基本知识，在遇到困难的时候，难道我们连这种简单的道理也要忘记了吗?

把现实生活中，有些人做了错事，事后醒悟过来时，常常自我埋怨，自我谴责，以致心情十分痛苦、内疚和懊恼。这种情绪活动就是人们通常所说的悔恨。其实，在漫长的人生道路上，人们都会因这样或那样的过失，带来某种悔恨的心情。对大多数人来说这种不良情绪很快就会消失，不至于影响身心健康，但也有少数人陷入悔恨的泥潭中不能自拔，甚至失去了走向未来生活的信心。因此，要学会控制这种情绪，不能让它妨碍我们的身心健康及对美好明天的追求。

台湾作家刘墉在他的一篇作品中说:“我们可以转身，但是不必回头，即使有一天，发现自己错了，也应该转身，大步朝着对的方向去，而不是一直回头埋怨自己错了。人生路，不回头。”用今天的眼光与标准来评判昨天的事物，就会发现其中的诸多问题，有些遗憾可能还有机会去补救，但还有许许多多的遗憾则永无机会去弥补了。如果把自己的心浸泡在后悔和遗憾的旧事中，痛苦必然会占据你的整个心灵。不要慨叹你所失去的，请珍惜你所拥有的，这值得我们用一生去谨记。

追悔过去，只能失掉现在；失掉现在，哪有未来！正如俗话所说:“为误了头一班火车而懊悔不已的人，肯定还会错过下一班火车。”要想成为一个快乐成功的人，最重要的一点就是记得随手关上身后的门，学会将过去的错误、失误通通忘记，不要沉湎于懊恼、后悔之中，一直往前看。

痛苦与快乐，只要经历过，就是人生最大的财富，如果学会了去感谢曾经伤害过自己的人，你就已经学会了宽容，那么就没有什么可以阻挡你去寻找快乐的心情。如果你学不会宽容，就等于把快乐拒之门外，那么自己得到的也许只有痛苦、埋怨和报复的心理。人不必拿自己的错误折磨别人，更不要拿别人的错误折磨自己。仇恨只会加快自己的衰老，却不会把自己变得有修养，更不会获得快乐。

为自己喝彩，生活才能精彩起来

文艺复兴时期，意大利著名的文学家但丁说过一句话：“走自己的路，让别人说去吧。”几百年来，这句话成为许多人的座右铭，激励着一代代的人不畏惧别人的风言风语，为了心中的信念和生活的理想坚强地走下去。在我们的生活中，绝不缺少真诚或者礼貌性的赞扬，但是更不会失去无心或者恶毒的讥笑和嘲讽。面对别人的别有用心，我们没有必要去过多地在乎，鲜花和掌声是我们希望得到的，但毕竟不是生活中的必需品。失去了别人的赞扬和恭维，就失去了自信心，那么，只能说明这个人的脆弱和虚荣。我们无法强求别人的喝彩和掌声，但是一定不要忘记，自己才是自己的上帝和哲人，个人强大的动力不是来自于外界，而是来自于个人内心对自己的肯定和赞扬。我们要时刻记住，随时给处于疲惫或者低落的心情以热烈和真诚的掌声，激励着自己前进。

或许，时运不济、命运多舛是一个不争的事实，但是我们在命运面前自怨自艾却无法改变环境，当因为环境的阻挠而怨恨自己的性格和生活情趣的时候，就会陷入更加自卑的境地。有时候，我们自认为的缺点，在别人的眼中却是最闪光的地方，盲目地去改变，起到的效果很可能是南辕北辙、事与愿违。无论外界环境如何变化，我们都应该保持清醒的认识和自强不息的精神。歌德说过：“凡是自强不息的人，终能得救！”儒家经典也在告诉我们：“天行健，君子以自强不息。”面对自然界或者社会的障碍和阻挠，只要珍惜时间，爱护生命，顽强抗争，就一定能够在积极进取中获得成功的快乐，体验人生的情趣和价值。

卡耐基曾经说过：“我想赢，我一定能赢，结果我赢了。”事业的成功多半来自心中的想象，挫折面前失去想象的勇气，就永远不可能成功。突破心理的障碍，懂得为自己喝彩，生活才能真正地精彩起来。

第七章

让心灵减负，别让身体拖累了你

珍爱生命，是我们每一个人正确的选择

快节奏的社会生活、竞争日益激烈的时代环境，使很多人都在忙碌地奔波，为了工作业绩、为了职称而废寝忘食。比如：出差的时间里饮食毫无规律，要么是一点东西不吃，要么胡乱塞上几口，却忽视了营养的均衡和身体的消化，或者一再地缩短睡眠时间，牺牲娱乐休闲的时间，满脑子里想的都是工作、金钱、事业。不知不觉中，皱纹爬上了眼角，走起路来摇摇晃晃，终日的哈欠连天，萎靡不振，甚至还会在人生最辉煌的岁月里过早地离开人世，留下白发苍苍的老人和牙牙学语的儿女。

过去人们经常讲，身体是革命的本钱。其实，身体不仅仅是革命的本钱，而是生活当中一切形式的唯一载体，离开了生命，人的存在将变得毫无意义。自古以来，许许多多的帝王将相前赴后继地寻觅着长生不老的秘方，哪怕是花再多的钱也毫不吝啬，因为，生命是最大的财富，珍贵到无法用金钱来衡量的地步。病入膏肓的人，哪怕是把万贯的家产全部献出，也无法延长哪怕一个时辰的寿命。许多的富豪在临终前都一厢情愿地想着用金钱换取片刻的生存时间，无一不在说明生命的珍贵。能够活着，拥有健康的身体，是一件多么幸福的事情。有些人在虚浮的名利面前迷失了方向和思辨能力，全身心地致力于对金钱社会地位的追求当中，却有朝一日发现，青春易逝，韶华不在，想后悔也是来不及了。

在一个看不见尽头的森林里，四个面黄肌瘦的男人抬着一只沉重的箱

子，摇摇晃晃地向前走着，多日的饥寒交迫和野兽的出没，让这四个人感到痛苦不堪。

他们的名字是巴里、麦克里斯、约翰斯、吉姆。当初，他们跟随一个叫马克的探险家来到这片森林，事先，马克答应在探险结束后给他们一笔丰厚的报酬。可是，在即将完成任务的时候，马克身染疾病在树林中与世长辞了。

马克在临死前拿出了一个大箱子，托付给这四位男子带出森林，同时带着歉意而又无比诚恳地对他们说："很抱歉我不能和你们一道走出森林了，你们的报酬只好由我的妻子玛丽来支付。麻烦你们把这个大箱子送到我妻子的手中，我向你们保证，你们一定能够得到比金子更宝贵的东西。但是，你们要向我保证，一步也不能够离开这只箱子，否则的话，你们的报酬就无法拿到了。"

四个人挥泪告别马克，踏上了返回的路程。密林中的路越来越难走了，长期得不到营养供给的四个人感觉到自己的力气越来越小，拼命地在密林中跋涉，抬着的大箱子也越来越感到沉重，他们单薄的身躯几乎无法承受如此大的压力。很多次，他们都有放弃甚至轻生的念头，但是想到比金子还要宝贵的报酬，他们就咬牙坚持着，相互鼓励着。

经过几个日夜的艰苦跋涉，他们终于走出树林，来到了平坦的草原上。四个人顾不上休息，就抬着箱子找到了马克的妻子玛丽，十分迫切地向她索要报酬。玛丽却没有听懂他们的意思，耸了一下肩膀，摊开双手说："我是真的一无所有啊，或许，马克答应给你们的报酬就在这箱子里面吧。"玛丽当着这四个人的面，打开了这个神秘的箱子，当大家把脑袋伸向箱子的时候，不禁都傻了眼：里面是两块没有任何价值的木头！

约翰斯愤怒地说道："马克这家伙死了还要捉弄我们，给我们开这么大一个玩笑！"

吉姆大声地咆哮："还说比金子都珍贵，却连一分钱都不值！"

麦克里斯愤怒地挥动着手臂嚷嚷着说："这个神经病把我们害得好苦呀！"

巴里在这个时候站了起来，挥手制止了他们的叫嚷，说："伙伴们，你们不要再抱怨了，还记得吗？当我们走在密林的时候，脚下有很多探险人的白骨，假如没有个箱子鼓舞着我们，带给我们美好的希望，或许，现在我们也成为异乡之鬼了。比黄金更珍贵的东西，我们已经得到了呀，那就是我们的生命！"

任何雄心壮志、伟大抱负的实现，都需要用身体的奋斗来实现，失去了生命的存在，任何美丽的口号和光荣的理想都会变得虚无缥缈。因此，珍爱生命、珍惜健康，才是我们每一个人正确的选择。

你的身体永远不会"欺骗"你

生命是美好的，但在浩瀚的时间面前，又是显得十分渺小而短暂的，犹如过眼云烟、海市蜃楼。或许，只有这种短暂才能铸就永恒的美丽，散发出固有的光芒来。我们需要学会在这短暂的旅途中静静地欣赏路边风景，而不是急匆匆地赶路，奔向生命的终点。

很多时候，我们都在谈论和思考着人生价值的话题，把"雁过留声、人过留名""一人之下、万人之上""香车宝马、家产万贯"等词语作为自己的追求目标，这些本来是无可厚非的，有宏图大志的人总会得到别人的尊敬。但是，有不少的人在追求的过程中忽视了身体的承受能力，把健康和生命牺牲在了为事业奋斗的过程中。在不懈的努力下，梦想一定会实现的，但是，当你想好好地欣赏享受通过奋斗得来的劳动成果时，却发现你的背在不知不觉中弯成了一张弓，你的身体经过人生风雨的侵蚀，已经变得残破不堪，难以修复过来。当你想再接再厉，争取更上一层楼的时候，却发现精力不济。满腔的悲哀和辛酸之后，你是否会后悔当初错误的选择？

记得有一首歌这样唱道：“你太累了，也该歇歇了。”是的，你真的应该坐下来好好休息一下了。或许你有着你玩命的理由，想让父母有一个欢乐的晚年，让孩子有一个无忧的童年，让妻子过上美好的生活，但是却忘记了，他们所在意的并不仅仅是你的成就，还包括你的健康和欢乐。或许，眼下的物质财富还没有达到你想要的程度，但是，物质富有未必就能够标志着生活的幸福和美满。当你陪父母聊天的时候，当你和妻子共进晚餐的时候，当你和孩子一起做游戏的时候，和谐的阳光透过窗户照进室内，该是一幅多么美丽的图画。不仅能够让自己得到身体的休息和调整，也能让家人感受团圆的乐趣，这时候的幸福指数，并不比那些出人头地、出类拔萃的人拥有得低。

三国时期的著名军事家诸葛亮为了完成光复汉室的大业，报答先主的知遇之恩，先后六出祁山，讨伐魏国。魏国大将司马懿无法抵挡，只好高挂免战牌。为了逼迫司马懿出战，诸葛亮亲自写了一封信，又用一个盒子装了女人的头巾和衣服，派使者给司马懿送去。嘲笑司马懿是一个懦弱的女流之辈。

老奸巨猾的司马懿自然知道诸葛亮的用心所在，没有表现出丝毫的愤怒。他装着关心的样子询问使者：“诸葛丞相整日忙于军务，身体还好吧？”使者回答说：“丞相经常是一天只睡一两个时辰，常常是半夜就披衣而起，在灯下处理军务，军中大小事情都是事必躬亲。一日三餐吃得很少，只有平常一半的饭量。”

使者走后，司马懿召集将领们议事，对他们说：“诸葛亮之所以着急进行决战，是想速战速决，我们万万不能上这个当。刚才蜀国使者告诉我诸葛亮的身体状况，我估计几个月内他一定就会死去。到时候，我们就可以大显身手了！”

果然不出司马懿所料，两个月之后，诸葛亮带着深深的遗憾病死在了军帐之中。匡扶汉室的大业最终因为他的死亡而夭折。杜甫在诗中写道：“出师未捷身先死，长使英雄泪满襟。”感叹一代名相的时运不济、壮志难酬。假如诸葛亮能够及时地调整自己的身体，哪怕是每天多休息上一个时辰，也不至于在54岁的时候就与世长辞，三国的历史说不定还会改写。但是，他的去世，一切的假如也只能存在后人的幻想中了。

当你早晨醒来感觉头脑晕乎乎的时候，当你刚刚在楼梯上走了几个台阶就气喘吁吁的时候，就应该想到，你的身体已经被你的理想摧残到了疲惫不堪的地步，这个时候，你就没有必要再去为所谓的事业爱情去玩命拼搏了。身体不会欺骗你，它在向你表达着它的抗议，你要做的，就是好好休息。

卸下肩膀上的重担，让身心“归零”

人生几十年，在无穷尽的自然面前只相当于沧海中的一滴水。然而，对于每一个人来说，却又是漫长的。几十年的时间里，我们会有不同阶段的理想追求和抱负。我们的追求，是书写人生价值的笔墨，是探寻生命真谛的动力。但是，生命往往又是不堪重负的，当你背负着你所想要的东西走完人生全程的时候，行至半途，就会被身上的重担压得喘不过气来。生命所能够承受的负担并不是无极限的，如果过早地让身上的重担达到最大值，那么，接下来的路途中，你不得不忍痛割爱，放弃已经拥有的美好事物。假如想鱼与熊掌兼而得之，那么，你的身体就会感到异常得疲惫。面对欲望和追求，我们懂得放弃，随时给自己的身心减负，让身心“归零”。放弃一些不必要的利益，放弃所有的烦恼，减轻身上的重担，你的身心就会愉悦，前进道路上的步伐就会轻快许多。让身体“归零”，是一条走向成功的“终南捷径”。

在生活中，我们经常讲到热爱我们的国家和民族，热爱自己的亲人和朋友，因为这是一个人在道德境界中的标准。其实这些道德和修养中讲到的热爱，不过是热爱自己、提升自己生命质量的几种途径而已。人，毕竟首先为自己而活的，追求理想的目的也是为了个人。只不过有些人过于看重物质利益，而有些人则注重道德和素质罢了。无论追求道德还是经济利益，但不能忘记一点，追求的过程中，要懂得珍惜追求的本钱，别让生命背负沉重的包袱，注意时刻给身心减压。

托马斯•库克是世界上著名的航海家，有一次，在海上的一段奇遇令他百思不得其解。

他率领船队在大西洋上航行，突然发现不远处出现了庞大的鸟群。很多的鸟在天空做着长时间的盘旋，不时地发出鸣叫声。正当船员们感到惊奇的时候，这些鸟儿似乎是耗尽了所有的体力，一头扎进深深的海水之中，水面上霎时间布满了鸟儿的尸体。

后来，库克船长在和其他渔民的交谈中得知，在他之前，如此悲壮的场面在大西洋上已经上演了很多次，渔民们对此也感到震惊和不解。当库克船长向鸟类专家询问原因的时候，专家们也感到非常奇怪，一时间无法有合理的解释。经过多次调查，也没有搞清楚为何鸟儿会在大海上做出集体性的自杀行为。

一直到了20世纪中期，这个谜团才被揭开了。原来，海鸟们葬身的地方很久以前曾经是个小岛。对于来自世界各地的候鸟们来说，这个小岛是它们迁徙途中的一个落脚点，一个在浩瀚大海中不可或缺的“安全岛”，一个在它们极度疲倦的时候可以栖息的地方。但是，某一天，海岛在地震中沉入了大海，永远地消失了。迁徙的鸟儿习惯性地来到这里，希望能够稍加休息，然后开始新的征程。但是，茫茫的大海之中，却不见了那个小岛的影子，筋疲力尽的鸟儿们无奈地盘旋着、啼叫着，寻找那个可以休息的海岛。当它们的希望落空之后，身上最后的一点力气也消耗殆尽，只能无力地从天空掉进海洋之中。

生活中到处充满了无奈和不如意，当不顺心的事情出现时，我们需要做的，不是愁眉不展，更不是让心灵陷入荒芜的沼泽，那样的话只会加重心的负荷，无法让生命回归自然。在这个时候，我们应该停下来让身心得以片刻的休息，卸下肩膀上的重担，重新锁定新的目标，呵护那个为了理想而疲惫不堪的心灵。

回归宁静，让心灵减负

没有追求的生命就像一汪死水，泛不起任何的涟漪，也就会没有任何的色彩。生命的过程就是一个个不同追求的组合，因此，追求也就成为人们生活中的潜意识。在潜意识的支配下，缺少了理智的思考，生命就会变成机械运作的机器、上着发条的钟表、速度达到极限的车辆，从而在没有觉察的状态中消耗掉了大量的体力和精力。当我们没有能力控制这些惯性的时候，则短时间内无法停顿下来，心情也会出现烦躁、紧张和抑郁，时间久了，身体就会出现这样或者那样的毛病。

一台工作时间久了的机器还要停下来去散热，那么，身为有血有肉有思想的人，何尝不需要得到片刻的休息和宁静。我们需要给身体放一个小长假。在节假日里不需要为了工作和事业忙着加班，到外面去走一走，看一看，打打球，爬爬山，都能够对身体起到很好的作用。除了充分利用节假日之外，在下班之后，就把工作的事暂时先放一放，回到家里听听音乐、看看书，让心灵回归到宁静之中，这样我们疲惫的大脑、紧张的神经就会得到还原和休整。

懂得生活的人都会让心灵减负，想方设法给心灵放假。每天抽出时间来，对情绪来一次大扫除，清除不愉快的渣滓。找朋友倾诉所有的烦恼，从而让自己的心情恢复舒畅。

在第二次世界大战期间，英国的首相丘吉尔已经是年过花甲的老人，但是，他却能够每天精力充沛地工作到16个小时以上，那些年轻的助手却做不到和他一样。丘吉尔在5年之间，每天都忙于内政外交，在别人眼里，肯定是疲惫不堪、索然寡味的，但是丘吉尔从来就没有出现过疲惫。有人询问他的秘诀何在，他总是笑而不答，其实他也没有什么秘诀可言，只不过是注重休息罢了。每天早晨8点起床，工作到上午11点，听报告、看文件、口述命令、签发公文、打电话、出席重要会议等。无论多忙，在吃过午饭之后都要躺在床上休息一个小时，之后到了晚上7点左右，即使是女王驾到，也要雷打不动地在床上再休息两个小时。因为懂得休息，懂得适时地给自己放假，所以丘吉尔能够精力充沛地工作到后半夜。

让我们再看一个例子：

美国著名的富翁约翰·洛克菲勒，他所创的纪录成为当时美国的神话，一是赚到了相当多的财富，二是成为美国当时最长寿的富翁，活到了98岁。洛克菲勒之所以能够长寿，是因为他不像别人一样为了赚钱生活无规律，作息时间没有标准，而是懂得有规律地生活，养成了经常放松和休息的习惯，每天中午，他都要拔掉电话线，关上房门，排除一切外来因素的干扰，静静地休息上半个小时。

执着的追求是一个人优秀的标志，但是执着并不代表不懂得变通。孜孜以求、心无旁骛这些美好字眼的诱惑往往会诱导我们选择错误的工作方式，当我们终于有一天达到了事业的顶峰，享受财富和名声的时候，突然发现身体已经不堪负荷，甚至欣赏无限的风光也成为镜中花、水中月，岂不是让人感到很悲哀吗？财富、权势、名望属于生活的组成部分，但是失去了生命的载体，也就失去了存在的意义。因此，你不妨减慢急匆匆的脚步，缓解一下高度紧张的神经，慢慢地静下心来，给身体放一个小长假。

别让昨日的哀愁变成今日的忧伤

平淡枯燥的日子里难免会有一些磕磕绊绊，与人交往的时间里也难免会遇到情绪的波动，不愉快导致了情绪的大起大落和心情上的大悲大喜，从而产生抑郁的心情。这些波动，或许是生活的调剂品，毕竟毫无变化的日子会让生活显得平淡无味。但是，我们应该知道，如果经常处在喜怒无常、急剧变化之中，就会损害到我们的脑细胞，并导致身体健康状况的下降。

我们常讲境由心造，相由心生，当我们处在极度抑郁的心理状态下，就会陷入自卑的泥潭中。自怨自艾，让原本应该化为尘埃的往事继续留在体内，脑海中总是浮现着辛酸的过去，不断地折磨着自己的心绪和身体。长期的抑郁导致的现象，轻则愁眉苦脸，做事缺乏激情；重则丧失斗志，凡事选择躲避。这样一来，本来可以转危为安、变坏为好的机会一次次地从身边消失，一波接一波的坏消息接踵而至，让本来就痛苦不堪的心灵变得更加支离破碎。抑郁的情绪，让一个人的身体从健康走向亚健康，从亚健康又走向了疾病缠身。一些意想不到的灾难趁机侵入你的心灵和身体，恶性循环般的悲剧一次次地交替上演，很可能会摧垮你的整个身心。因此，我们应该注重对负面情绪进行防范，做到让抑郁从体内消失，不断地调整心情，保持一个充满活力、斗志昂扬的身心状态。学会自我调节，做一个达观开朗的人。

一个身体强健的穷汉和一个体弱多病的富翁都对自己的遭遇感到不满意。穷汉因为一贫如洗的生活状况而怨天尤人，富翁为自己弱不禁风的身体而长吁短叹。他们两个人都相互羡慕着对方，富翁心想，如果能够得到健康，宁愿把万贯的家产和穷汉进行交换，而穷汉则想，为了得到金钱，他宁可选择一个孱弱的身躯。

他们的愿望被上帝知道了。上帝便假扮成一个外科医生来到他们面前，告诉他们，可以利用人脑交换的方法帮助他们完成心中的愿望，两个人都毫不犹豫地答应了。

手术非常成功，穷汉如愿以偿地成了富翁，富翁也如愿以偿地成了穷汉。变成穷汉的富翁拥有了健康的体魄，一时间内就没有了对生活的抱怨和身体的不满，利用自己的商业意识和头脑，他逐渐地积累了一笔不菲的财富。但是，当他重新拥有财富的时候，久违的抑郁症又开始发作了，他每天为自己的健康感到担忧，身体上有些微小的不舒服就感到很不适应。由于他的忧心忡忡担惊受怕，时间久了，他本来健康的身体又回到了原来多病的状态中，变得十分羸弱瘦小。

变成富翁的穷汉终于拥有了万贯的家产，可以过理想中的生活了，但是他却始终无法忘记自己是个穷鬼的身份，每天早晨起来，总感觉自己像是在做梦一样，他不是想着用拿脑袋换来的钱相应地建设一种全新的生活，而是把钱浪费在毫无意义的投资与消费中，不久，他的家产挥霍一空，他又变成了一无所有的穷光蛋。重新成为穷人的他，已经没有了财产流失之类的担忧，抑郁很自然地从他身上消失了，因此他的生活变得无忧无虑起来，很快，他的身体恢复到了换脑袋之前的健康状态。

两个人转了一圈之后，又回到了原来的模样。

每天早晨醒来，都要当成一个新的开始，昨天的哀愁不能够变成今日的悲伤。人生之所以无常，是因为超出了我们的预料，其实，生活的点点滴滴和花草树木随着季节的变化而变化属于同一个道理，完全没有必要去看到压抑和悲观。对待生活，我们应该从里面寻找出本该拥有的欢乐喜悦和光明。

走出自己的“牛角尖”

天气是变化无常的，有时候会晴空万里、天高云淡，有时候也会乌云密布、暴风骤雨。人生又何尝不是如此，每一个生命的历程中都会有形式不同、大小各异的跌宕起伏。在一帆风顺的环境下，我们可能会志得意满，吟唱“春风得意马蹄疾，一日看尽长安花”。在屡战屡败中，就可能悲叹“剪不断理还乱，别有一番滋味在心头”。开心和忧伤，属于生活中重要的组成部分，没有悲欢离合的交替就不会有多姿多彩的生命，但是，一直沉溺于悲伤之中，钻进痛苦中不能自拔，就把自己推进了牛角尖，理智的人，是不会有这种错误的选择的。我们应该学会在不同的环境下都能够看到光明和希望，用一个健康积极的心态来看待世事无常。摆脱悲伤和沉沦，在通向光明的道路上坚强地走下去。

一个钻进牛角尖里的人，会戴着有色的眼镜去看待这个世界和环境，对生活失去了信心，对社会和世界充满了痛恨，哪怕是每天初升的太阳，在他的眼睛里也只有放大了的黑子；孩子清脆的笑声在他看来也会是一曲奏响失败的音乐；美好的东西，也会从他那里消失，希望也会从他的心中破灭，走向死亡。从牛角尖里走出来，拥有一个乐观的心态，对待生活就不会有太多的挑剔，而能够学会用欣赏的角度来看待它，寻找鲜花的色彩和芳香，探寻友情的纯洁和无私，我们的视野里，就会悄悄地流失不好的东西，而留下灿烂的人间风景。

杰克是一个性格温和的公墓守墓人。在他工作的几年中，他每个星期都会收到一个夫人的汇款和来信，让杰克给她死去的儿子送一束鲜花。

一天，一辆小车停在了公墓的大门口，司机下车之后走进杰克的小屋，对他说：“让你买花的那位夫人想亲自感谢您对她的帮助，但是现在她病得走不动了，只能坐在车里，麻烦您亲自去一下吧。”

车里的夫人有着高贵的仪表，但是眼神却充满了忧伤，孱弱的身子好像无法支撑起那颗头来。她的怀中无力地抱着一束鲜花，吃力地对杰克说：“这几年每个星期都给你寄钱的人是我，我叫亚当夫人……”

杰克说道："夫人，几年来，我是一直没有忘记放花的。"

亚当夫人感激地看了一眼杰克，温和地说："我的身子得了绝症，医生说我活不了几个星期了，死了倒还好，反正活着也没有什么意思，我只希望在死前能够来看一眼我的儿子，亲自把这束花送给他，今天就自己来了。"

杰克望着老夫人，苦笑了一下，鼓足了勇气终于又说道："夫人，这几年您总是寄钱来买花，我觉得有点儿可惜了。"

"可惜？"老夫人不解而又有些怨恨地盯着这位守墓人。

杰克说："夫人，您别介意，这几年我经常去医院和孤儿院做义工，那里的人都喜欢鲜花，喜欢鲜花的气味，他们都是活着的，鲜花代表了对生活的希望，而把鲜花送给一个冷冰冰的墓碑，我觉得实在是有点儿可惜。"

"可惜？"

"是呀，鲜花放在这里，几天就干了，而您的儿子已经长眠，根本无法再享受鲜花的气息了。您思念儿子的心情可以理解，但是，却因为思念而做出了许多不理智的事情，可惜的何止是鲜花呀。"

老夫人听后，没有回答，默默地坐了一会儿，对着儿子的墓碑祈祷了一阵子，就吩咐司机开车走了，杰克的心里在后悔着说话过于直接和欠考虑，伤了老夫人的心。

几个月之后，这位老夫人又来拜访了，这让杰克感到很惊讶。老夫人不仅没有去世，而且身体比几个月之前好了许多，竟然自己驾车来的。老夫人友好地对杰克说："我把鲜花送给了敬老院和孤儿院的人，他们都感到很高兴，我也感到了前所未有的快活，以前我因为思念儿子而抑郁成疾，但是听了你对我说的那一番话之后，心里就不再阴暗了，我的病也好了，医生不明白怎么回事，但是我却知道其中的原因，今天我是特地来感谢你的。"

当一个人把自己推进牛角尖的时候，就会变得神秘兮兮、心胸狭隘、自暴自弃，人也会显得比较脆弱和敏感，无法去面对现实，不仅错过了东山再起的机遇，还会摧垮自己的身心，造成无法估算的缺失和遗憾。理智的人，在遇到困难和挫折的时候，想方设法地来宽慰自己，不会轻易地选择退缩和放弃，并用正确的方法来克服这些困难，不断地丰富和完善自己的人生。

好心态：最好的“修复剂”

现实的生活给了我们许许多多有形和无形的压力，让每个人都有一种说不出的疲劳感。刚走出校园的学子会因为择业困难、学非所用而感到压抑，职场中的人会因为烦琐的交际、繁重的工作而感到疲劳，做了父母的人会为了孩子的学业和个人的事业而感到头痛……种种的不尽如人意占据了我们的心灵空间，加重了身躯上的担子，种种压力之下的身心就会产生空前的疲劳感，难免有不少的人发出活着太累的长叹。

生活得太累是因为疲倦，疲倦是对压力的自然反应，当一个人被极度的疲倦感包围的时候，就说明了他的健康状态拉响了警报器。疲倦之下就会产生焦虑、心悸等情绪，不正常的心理情绪往往也会导致不正常的生理现象，比如内分泌的失调、中枢神经系统功能的紊乱、能量过度消耗带来的虚脱等，严重地干扰了我们的健康和生活。

当身体出现不适的时候，要注意进行及时的修复和医疗，而最好的“修复剂”却是一个人的心态。比如远离无关紧要的事情，把工作暂时放在一边，这样就会净化一个人的心灵，让心灵空间不断地扩大，那么，他的身体就会在最短的时间内恢复健康，在精神上保持着高度放松的状态。假如因为一点的不舒服而忧心忡忡，皮癣之疾也会变成不治之症；身体上出现毛病而不能认真地对待，任由疾病发展，那么，同样无助于康复。一个好的心态，胜于一个好的医生，胜于一个好的药方。

徐伟这几天感觉肝区隐隐作痛，就来到医院检查。大夫给他做完B超之后，自言自语地说："7公分的肝癌，已经转移了。"徐伟听后，他的脸色唰地一下子变得惨白，无法承受这巨大的打击，更不敢想象自己死后老婆和孩子的命运会是怎样。

第二天起床之后，徐伟感觉更加的疼痛，但是又觉得去医院看了也是白看，索性就在家里躺着。在床上躺了两个月之后，体重下降了20多斤，原本红光满面的他瘦得成了皮包骨头。他的朋友知道后，前来探望，一边询问着病情一边陪着他流泪。最后，朋友问他："既然剩下的时间不多，你还有什么没了的心愿吗？我想我可以帮你来完成它，这样你就可以没有遗憾地上路了。"徐伟长叹一声，说道："我这辈子最大的愿望是去一次天安门广场，如果能在生前看一眼天安门的话，就是死了也没有什么遗憾了。"朋友听了，说："好吧，这个事情由我来帮你想办法，但是你现在病得只剩皮包骨头了，一个人是没办法去的，我找几个人陪你坐火车去北京吧。"

几个人来到了北京，和徐伟一起来的人说："既然到北京了，就应该去找个好点的医院看看，说不定还能够找到医治的办法呢。"于是他们来到了医院，做完B超后，大夫说："下来吧，你根本就没有什么病。"徐伟感到很惊讶："我已经病成这样了，怎么还说我没事呢？"大夫笑了，说："说你是肝癌那是误诊，你呢，瘦成这样是因为被吓的！"见徐伟还是不信，大夫又说："我告诉你吧，很多的病都是因为害怕才得的，有些人原本身体好好的，但是被误诊为癌症之后，就变得精神崩溃，过不了几天就把自己给吓死了。你的这个病，先天性囊肿7公分，是很多人都有的，根本就算不上毛病。你感觉自己快死了，纯粹是心理的作用！”

人的身体健康和心理健康是一曲和谐的音乐，两者之间的关系不能分割，当我们感到疲惫的时候，不仅仅需要身体上的休息，更需要心理上的调整。只有这样，才能获得真正意义上的健康。

健康储蓄：建立合理的作息制度

一台机器转动的时间太长就会加快磨损的速度，缩短使用寿命。而一个有血有肉有思想感情的人，超负荷的工作时间久了也会出现磨损，受到损坏后的机器需要维修，而体力精力遭受超额的透支之后需要安静下来休息一下，但有时候，劳累过度，停顿下来，给疲乏的身躯一个整顿的时间，却发现所做的不是亡羊补牢，而是为时已晚的补救，当生命的创伤无法修复的时候，后悔和泪水都是起不到丝毫作用的。既然如此，那么，就未雨绸缪，早日建立起一套合理的作息制度吧。

生活中，为了预防将来的贫穷窘迫或应付一些不曾预料的困难，我们总是习惯省吃俭用，把剩下来的钱存入银行，以备不时之需或者作为将来衣食无忧的保证。而我们的生命同样也需要储蓄，而不是无休止地透支，健康储蓄得来的实惠远比金钱的储蓄要大得多。许多人把风华正茂的年龄视作取之不尽用之不竭的宝藏，而任意地抛洒着青春和体力，昨天储存的能量用完之后，还要把今天明天甚至后天的智慧和经历挖掘得精光。以错误的生活方式活着，即使满腹经纶、才高八斗，所拥有的只不过是昙花一现般的光芒，当人们渴望他们发出更多的光和热的时候，却发现这些学富五车的人永远地归于沉寂了，从而留下无穷的遗憾和感叹。

李贺是唐朝人，被人誉为中唐时期异军突起、独树一帜的天才诗人。他写诗，既有李白的浪漫主义色彩，又受到了古文运动的影响，他的作品想象力丰富，新奇瑰丽，被人们称为“鬼才”。

李贺为了写诗，经常骑着一匹瘦马外出寻找创作灵感，把看到的、听到的想到的、事情都记下来，放进包中，事先不写题目，回家之后再拿出来整理。回家之后，他关上房门，苦苦思索，诗句中的每一个字都要经过仔细地斟酌、推敲和锤炼，有时候为了一个字眼就茶饭不思、冥思苦想。一篇诗歌的出炉，都要耗费他大量的精力和脑力。他的母亲看到他每天都要忙到后半夜，心疼得直掉眼泪，对他说：“孩子啊，你岂不是要把你的心都呕出来吗？长此下去，你的身子怎么能够吃得消啊？”对于母亲的劝说，李贺总是置若罔闻，认为自己还年轻，没有必要去考虑修身养性之类的话题，然而，没过多长时间，这位才华横溢的诗人就染上重病，不治身亡了，死时，才刚刚 26 岁。

大凡理智成功的人都明白细水长流的道理，懂得如何正确掌握生命中的每一分钟，而不是毫无理智地去呕心沥血，他们知道，业荒于嬉固然可怕，但更可怕的却是荒废生命。

精明能干的女设计师海伦，在工作中的精打细算赢得了同行们的敬佩。后来，她开了一家设计公司，为了能够获取最大利益的利润，她掌握了公司里所有的财务，恨不得一分钱都要掰成八瓣儿花。由于操心过度，有很多次从办公桌前站起来的时候，她总感觉头晕目眩，朋友们劝她去看一下医生，休息一下，都被她拒绝了。终于在她 24 岁的时候，因为过度劳累，她患上了疾病。海伦不得不停下手头的工作，终日与各种药品为伍。医生警告她说：“如果还要和以前一样不分昼夜工作的话，她的生命很快就要走到尽头了。”海伦原本计划45岁的时候提前退休，移民到法国南部的农庄做一个红酒商人的。令她想不到的是，她过早地失去了健康的资本，一切的美好愿望都变成了泡影，当初省吃俭用节省下来的钱财，不得不大量地投到维护身体健康中去，想到这些，海伦就后悔得肠子都快要青了。

生活中重要的事情有很多，比如事业、家庭和爱情等，但是，对于每一个具体的人来讲，最重要的则莫过于健康。事业、家庭和爱情，只不过是一个个的零而已，而健康则是数字中的一，所有的零只有依附在一的后面才会变得有价值，当健康失去的时候，再美好的东西都将变得遥远而又缥缈。

第八章

逆境之中不放弃，
机遇不再遥不可及

有一种幸运叫“后来居上”

当我们满怀信心、意气风发地走进职场或者创业道路上的时候，往往会发现，现实并不是想象中的乐观，前进的道路上并不是一路鲜花，而是遍地的荆棘。想要创造出一番奇迹，却发现许多人在同样的领域中已经有所成就，远远地把我们抛在身后。冥思苦想出来的创新、苦苦追寻的商机，成为那些捷足先登者的实践，该走的其他路径，眼前也布满了他人的足迹。机会、时运，毫不留情地离我们而去。巨大的落差、突如其来的打击犹如一盆冷水浇在我们的头上，极端痛苦的脑袋里写满了对这个世界的愤恨与不满，觉得天不佑我，索性自暴自弃、不思进取。

其实，完全没有必要为这些苦恼伤心，我们应该做的是让急剧波动起伏的内心世界舒缓下来，坚持自己的选择，踏踏实实一步一个脚印地走下去。前人走过的路，并不代表宣布后来者追求的死刑。他人抢占的商机，也不代表着没给后来人留下发展的余地。世界上的许多事，往往很奇妙，后来的人未必有排队等候的份儿，反而会因为迟到得到幸运的眷顾而青云直上，把先行者远远地抛在身后。

中国有句成语叫作“后来居上”。起步晚的人，能够看到吸取前人的经验和教训，考虑问题比较全面，准备也比较充分，能够避免前人的失败，少走摸着石头过河阶段的弯路，可以以最快的速度到达成功的彼岸。这些得天独厚的条件，是先行者们所不具备的。因此，我们完全没有必要因为迟来一步而懊恼不已、痛苦不堪，而是应该为有人能够提供经验和教训感到庆幸。

吕蒙是三国时期吴国汝南富陂人，在他幼年的时候，家境贫寒，没有读书的机会。十五六岁的时候，为了承担家庭责任，就跟随姐夫邓当参军，做了一名战士。他胆识过人，英勇善战，31 岁那年就坐上了中郎将的职位。有很多比他参军时间早的士兵只熬到了百夫长的位子。

吕蒙的文化程度很低，做了将军之后，草莽之气并没有改变多少，吴国上层官员不少人都看不起这个目不识丁的粗鲁将军，经常找机会嘲笑和消遣他。吴王孙权知道后，就劝说他多读些书，增长一下知识和才干，免得再被同僚们耻笑。吕蒙却百般推托，说："军中的事情忙得我脚不沾地，哪里有时间去读书呀？"孙权就问："你的军务很忙，但是有我忙吗？我每天都会从百忙之中抽出时间来读书，汉光武帝身为一国之君，日理万机，但是仍能在繁忙的国事之外静心读书，做到手不释卷。你应该向他们学习呀，免得以后弄得你在朝堂上抬不起头来。"吕蒙听后，深受感动。从此之后，为了不再让同僚们嘲笑，开始发奋读书。由于吕蒙天资聪颖，又十分勤奋，他的进步很快，短短几年的时间里就成为一个博古通今、满腹经纶的儒将。

周瑜死后，鲁肃继任鲁国的军事统帅，领军镇守陆口。一天，鲁肃路过吕蒙的兵营，由于平日里瞧不起不学无术的吕蒙，就懒得再进帐去看他。后来在随从的劝说之下，才不情愿地礼节性地来拜访吕蒙。吕蒙盛情招待了鲁肃，并问他："你身为大都督，肩负重任，与关羽为邻，打算如何处理两国之间的关系呢？"鲁肃一时间不知如何回答，就只好顾左右而言他。吕蒙进一步指出说："吴蜀两国如今尽管已经齐心抗曹，但是关羽素来瞧不起我们吴国，必定会成为我们的心腹之患，都督您千万不可掉以轻心呀。"

随后，吕蒙当场写下五条计策请鲁肃过目。鲁肃看罢，心下惭愧不已，对吕蒙也是佩服有加，感慨地拍着他的肩膀说：“我一直以为老兄是个只会舞枪动刀的大老粗，没想到你却是满腹经纶的大才子啊。”

由于吕蒙长期的准备，后来终于在荆州争夺战中一举击败了赫赫有名而又骄傲自大的关羽，为吴国建立了汗马功劳，这位后起之秀也让魏、蜀、吴三国的君臣们刮目相看了。

一个人可能因为家庭出身、身体状况、年龄差异等难以改变的因素无法和别人站在同一条起跑线上，但是，起点低并不代表奋斗的节奏慢、到达终点的时间晚。只要拥有挑战命运的勇气，就一定能够取得事业的成功。

如果没有了双臂，你还会拥抱什么

几十年的人生历程，压力是无时不在的。上学的时候，我们在考试、学习中艰难成长；走向社会，又要在婚姻、事业、前途的夹缝中寻求喘息的机会。压力对于我们而言，具有极大的伤害性和负面作用，因此，面对种种沉重的压力，我们急切地寻求解脱的途径，但是，有很多的压力却很难在短时间内消失，我们能做的，也只能用积极的正面的态度来看待压力的存在。放宽心态，走出心灵的死角，这样就会发现压力的存在未尝不是一件好事，它检验着你的人生价值，记载着你在具体人生阶段所应该完成的任务，激励着你不断地走向成熟，成为你成功的助推器。

实现人生的奋斗目标绝不是一朝一夕之功，追求中必然会经过漫长的等待和煎熬，假如，面对眼前的困难，畏首畏尾、不断抱怨，那么你的人生就很难见到光明，机遇也会从你的身边溜走。当你放宽心态，心平气和的时候，目标就会慢慢向你走来；当你迎着目标前进的时候，就会发现，处处会有柳暗花明。在悲观者眼里的想入非非，对你来说绝不是远在天际的虚缈幻想，而是触手可及的东西，幻想的翅膀加上脚踏实地的双脚和达观豁达的心态，一路走来，你会发现，世界是如此的美好，天空会是如此的广阔。

当我们拥有了一个健康的心态，就能够拥有积极的价值观念和人生梦想，生命中就会焕发出强劲的力量。良好心态释放出来的光和热，不仅能够融化心中的冷冰，也能够让别人感到温暖。星星之火的光芒能够燃烧大地，点燃心中的灯火就可以照亮事业的路程，看到美好的前途，更能欣赏到别人无法观察到的人生好风光。良好的心态，不是源于个人拥有的先天性条件，而是源于看待世界的态度。

如果没有了双臂，你还会拥抱什么？如果失去了一条腿，你还有继续走下去的勇气吗？如果你只有一只眼睛，世界就会失去一半的光明，你又该如何选择？这些人生中的不幸，全部落在一个人的身上的时候，你还会有希望吗？在现实的生活中，有一个人，遭遇到了种种的不公平，但是，他却用残缺的身躯演绎了完美的生命。这个人就是台湾传奇画家谢坤山。16 岁那年，他因触高压电而失去了双臂和一条腿，后来又在一次意外中失去了一只眼睛。然而，就是这样一个看似极端不幸的人，却成了全台湾家喻户晓的快乐明星。他的故事被拍成了电视剧，美国《读者文摘》杂志也向全世界的人们介绍他的事迹和经历。

身残志坚的谢坤山说："我无权轻生，也不想放弃。"身体的残缺并没有成为他悲观堕落的理由，在苦难中，他艰难而又坚决地站立了起来，学会了用一只脚来洗脸刷牙洗澡。当一个穷人的孩子成为重度残废的时候，摆在眼前的似乎只有一条乞讨的路可走。邻居们劝他到夜市或者庙前去做乞丐，然而谢坤山却说：“我的四肢已经失去了其三，如果连做人的尊严也失去了，那么活着还会有什么意义？”

谢坤山开始学习绘画，这是他与生俱来的兴趣，虽然现在残废了，但是他不想放弃。没有了双手，他就用嘴巴含着画笔来画画。他的嘴巴被铅笔戳出了一个又一个的血泡，经常出现口腔溃疡，然而，他的努力终于换来了丰厚的回报：台北市最好的中学破格录取了他；1994年，他创作的《金池塘》以高价卖出；他的作品先后六次入选大型画展，1997年荣获国际特殊才艺协会视觉艺术奖。

人生本身就是一个逆流而上、追求卓越的过程，在此过程中要经历不断的尝试。在我们选择做一件事的时候，不可能把未来的结局和经历的步骤完全控制在自己的意愿范围中，十拿九稳已属不易，而十拿十稳更属于幻想，但无论如何，都不能够失去宽阔的心胸，只有拥有一个健康积极的心态，才可能成为事业和生活的强者。

关于给予，抱怨是永远于事无补的

工作和生活中的羁绊与阻碍，无法通过人的意志来避免，能够改变的，只能是自己的观念和心态。出现不如意的情形，不少的人抱怨没有碰到好的机会或者是好的环境等，越是如此，机会就越会对我们更加的吝啬，不肯垂青于我们，之后的日子就会更加的不顺利。假如，我们能够及时地反思一下自己在工作中的问题、性格中的缺陷，以更加良好的心态去迎接下一步的挑战，那么不幸就会被我们踩在脚下，在我们的日常生活中，身边不乏这样的例子。

机遇、好运对于很多人来说，是可遇而不可求的东西。实际上，没有好机遇的人，是因为没有良好的心态。机遇就停留在身边不可觉察的地方，我们需要做的，就是用心灵的眼睛去发现和寻找。抱怨下的牢骚与不满，永远是于事无补的，只有不抱怨才会拥有好机遇。当我们感觉山穷水尽的时候，不要过早地给受到阻碍的工作、生活、学习下定论，而是要全身心地去解决，发掘出自身的最大潜能，进行必要的自我解救。或许我们做的工作是平凡而又卑微的，但这并不妨碍乐观的精神。

一个人的精神面貌是内心状态的体现，做事的态度和成功的概率有着重要的联系。没有好的机遇、眼前出现的全是意想不到的困难，等等，这些都不足以成为退缩的理由，如果不把它们放在心上，那些看起来十分艰难的事情也就变得容易多了。有心的人，才能有机会跻身于成功者的行列，从而得到命运和机遇的垂青。心中存有梦想，才会有坚强的毅力去完成，否则的话，美好的生活也只能作为海市蜃楼而存在。难得的机遇、翻身的机会是永远不会眷顾悲观失望者的。

美国的一个小学教师，在作文课上给同学们布置了一个题目：我的梦想。

一个小男孩在他的作文本上这样写道："我的梦想是将来能够拥有一座庄园，这座庄园占地十几个公顷，在宽阔的庭院里，种满地毯一样的绿色，我的庄园中有着无数的烧烤区，可以让来宾们野炊。庄园里还会有一座用来休息的旅馆，这样来访的客人在累了的时候就会有一个舒适的休息场所……"小男孩把这片充满激情和希望的作文交上之后，认为老师一定能够表扬他。

谁知道，老师竟然在他的作文本子上画了一个大大的红“×”，告诉他说这种梦想是不可能实现的，让他重新写一篇符合实际的文章出来。

小男孩百思不得其解，实在想不明白为什么自己的梦想不切实际，便拿着作文本敲开了办公室的门，向老师询问他的作文错误出现在了什么地方。

老师训斥他说：“你写下的东西都是些梦呓般的空想，我们的作文题目是我的梦想，不是你认为的那种不切实际的空想，你知道吗？”

小男孩委屈地争辩道：“可是，老师，那真的不是我的梦呓，而是我真正的梦想啊！”

老师武断地打断了他：“不可能，梦想是可以实现的，而你这不可实现的梦想只是空想而已！你必须回去重新写一篇作文出来！否则的话，这次你的作业就无法及格了。”

表情温顺而性格倔强的小男孩不肯屈服：“我对自己的梦想是很清楚的，我的梦想是我想要的东西，我决不会为了取得高分而放弃我的梦想！”

最终，不愿意改变梦想的小男孩的作文得了一个“E”。

30 年之后，白发苍苍的老师领着一群学生来到一个风景迷人的度假村旅游，欣赏无边的草地、舒适的宾馆、享受香味四溢的烤肉。这时候一个中年男人走了过来，向这位老师自我介绍说是他以前的学生。中年人告诉老师说，他就是当年那个因为不愿意改变梦想而作文不及格的学生，现在，经过努力，他终于有了自己梦想中的度假庄园。

白发苍苍的老师感慨地说：“30 年来，我为了自己，用成绩改变很多孩子的梦想，而你的梦想因为坚持而没有被我改掉，把平常人认为的幻想转变为了现实。”

著名篮球运动员迈克尔•乔丹说：“要是前面有一堵墙，不要折回头放弃努力，而是要想办法爬过去并超越它，即使被撞到也不要回头。”如果一个人习惯于浑浑噩噩地过日子，就永远无法主宰自己的命运和前途，只会向所谓的上苍乞求成功的机会，在自我麻痹中丧失新的机遇，而失去新的希望和出路。

失败可以是墓碑，也可以是垫脚石

我们常说，事业是拼出来的，成功靠的是不懈的努力。因为成功并不是触手可及的东西，需要经过逆境中的折磨和考验才能够达到巅峰。追求中，我们难免会遇到这样或那样的困难和危险，遭受或大或小的挫折，然而，这些构不成对渴望成功的威胁。很多时候，心情低落的时间里，往往是审视自己、自我完善的最佳时机。

俗话说：“十年磨一剑”。那么，在心情处于低谷的时候，我们就不要再浪费时间和精力去抱怨现实和后悔当初了，而是要理智冷静沉着地寻找走出困境的方法和途径。日本的企业家本田等经说过：“成功只代表你的努力的 1%，它只能是另外 99%的被称为失败的东西的结晶。”

事业追求中的一次成功往往是不断失败积累后的经验所形成，每次的失败都会有着一定的经验和意义。失败并不是一无是处，它在给人带来损失和伤害的时候，也会带来激励、经验和成熟，而关键的所在，就是一个人的态度。让失败成为墓碑还是垫脚石，取决于一个人的认识。

有一个年轻人去某公司应聘，然而面试的结果却非常糟糕。这家公司的应聘条件是本科以上学历，精通软件编程，而这个年轻人只有中专文凭，对软件编程的了解也只是皮毛。当总经理从专业的角度来询问他的时候，年轻人面红耳赤，要么是哑口无言，要么就是答非所问，让面试的双方停顿在僵滞的尴尬之中。失望的总经理站起来，对他说：“要知道我们公司人才荟萃，从高级管理到专业技术人员，都堪称业界精英，我们公司的大门不是能够轻易叩开的。”言下之意就是年轻人根本没有资格胜任这家公司的工作。年轻人说：“对不起，这次我是因为事先没有准备。”总经理认为他只是找个托词下台阶，便也随口说道：“那好，我给你两个星期作准备，等你准备好了再来面试。”

年轻人从那家公司出来，就跑到图书馆借来大量的计算机编程的书籍，在家里闭门苦读了整整两个星期。之后，他又敲响了总经理办公室的门。总经理对他的到来感到非常的惊讶，只好兑现了当初有口无心的承诺。这次面试，有了充分准备的年轻人已经能够完全应付下来总经理提出的问题，然而，由于他的编程知识与软件工程师所需要的水平还是有着一大段的差距，面试还是没有通过。不过，总经理对这个刻苦努力的小伙子十分器重，就问他：“假如让你去公司其他的部门工作你愿意吗？比如说销售部门。”年轻人想了一下表示同意。但是，他对销售工作同样是一窍不通，总经理又给了他一个星期的准备时间。

可惜，事情不像人们想象中的那样顺理成章，经过一个星期苦读的年轻人在面试销售部门的时候又失败了，总经理一副爱莫能助的表情，劝说他放弃在这家公司工作的打算。但是年轻人说：“其实我并非只想应聘这里，我也知道你们公司录用人的苛刻条件，即使如此，我也不会放弃积累尽可能多的在这个一流公司应聘经验的机会。”总经理听后，幽默地对他说：“这样吧，我多给你几次增长经验的机会，你可以随时来应聘，直到应聘结果让双方满意的那一天。”结果，为了能够在这家公司工作，年轻人前后面试了5次，时间长达两个月之久。

第五次的面试，总经理没有提出任何问题就宣布他成为公司的员工。并且解释说："你坚持不懈的努力所表现出的精神，正是我们所需要的，你是一个有发展潜质不可多得的人才。"

我们常讲，跌倒了再爬起来。不过，我们不妨在跌倒之后看看脚下的东西究竟是何物，寻找出失败的原因，避免下次犯同样的错误和受到同样的伤害。从跌倒到重新站起来的一段时间里，也正是把困难转化为经验，将磨难转化为磨炼的绝佳机会。

没有机会，就寻找下一个出站口

市场经济的今天，处处充满了残酷的竞争，有不少的人在这激烈的竞争当中翻身落马，甚至一蹶不振。在面对失败的时候，也曾经想过重整旗鼓，东山再起，但是苦于寻找不到合适的机会，空有一腔热血却不知向何处挥洒，因此，就在失败面前感到低落与痛苦，对前途和将来心存疑惑和迷茫。

其实，在信息化高度发达的今天，机会是无时无处不在的，我们不要因为一时的失败而丧失了乐观的心态，对美好的前途持否定的态度。失败面前，我们更要擦拭那双虽然受伤但是依然如炬的眼睛，寻找下一个出站口。没有机会是失败者的借口，只要认真地观察社会动态和生活中的点点滴滴，都能够寻找出一条适合自己的路出来。当我们失去太阳的时候，需要做的不是暗自饮泣，而是静候星星的到来，用超然淡定的心态来看待失去和失败，最终一定能够等来为你闪闪发亮的星星。

有一个小女孩对足球有着极大的兴趣，她的父母就把她送到了体育学校学习踢足球。

在入校之前，小女孩并没有受过正规的足球训练。在这所专业化的学校中，她的表现也就难免会不出色。由于动作不规范，反应能力落后，每次训练的时候，她都会受到队友们的挖苦和奚落。为此，小女孩感到非常的沮丧，久而久之，陷入一种不能自拔的自卑之中。

对于足球队的每一个成员来说，成为球员是他们的奋斗目标。职业球队经常到他们学校来挑选后备力量，对很多人来说，这是一次鱼跃龙门的机会。尽管这个小女孩每次都去参加选拔，但是由于底子太薄，经常被淘汰出局。她的许多队友中，不少没有被选中的人觉得前途无望，就悄悄地离开了体育学校。只有小女孩一个人在痛苦地坚持着。教练看到之后，对这个孩子赞叹不已，就告诉她说："名额不够，下一次就是你。"天真的女孩似乎看到了希望，树立了信心，又努力地接着练下去。

一年过去了，小女孩依然没有被选上。因为她的个子太矮，进入足球队的时间又短。每次选拔赛的时候，尽管她的场上意识处于正常状态，但是在精神上总是很紧张，平日的水平根本无法发挥出来，这让小女孩感到很痛苦，觉得自己没有必要再在球队中虚耗光阴了。

小女孩终于鼓足勇气找到教练，告诉教练说："我对足球根本就是一窍不通，我不想再待下去了，我要回去读书参加高考。"教练看着这个稚气未脱而又带着倔强神色的孩子，对她的意见不置可否，转身就走了。然而，第二天这个女孩子竟然收到了职业球队的录取通知书。这让她感到喜出望外，毕竟，在她的内心深处，已经把足球当成了第二生命。她拿着通知书欢呼着奔向教练的办公室，告诉教练她被录取了。教练的眼中挂着晶莹的泪花，向她表示祝贺。并且告诉她："孩子，以前我总是说下一个人就是你，其实那只是在安慰你罢了。毕竟我没有权力决定选拔赛的结果。我说下一个人就是你，是因为我很喜欢你坚强的性格，而不愿意让你的心理产生自卑的情绪。我真希望你能够一直努力下去。"听完教练说的话，小女孩使劲儿地点了点头。

机遇并不是遥不可及，也不像我们想象中的那样不公平。在机遇面前，可能会有先来后到的区别，但是绝不会有厚此薄彼的势利。只要我们能够不断地充实自己，完善自己，即使处在逆境之中也不放弃，同时坚定不移地走下去，那么，经历风雨之后一定能够看见绚丽的彩虹。

懂得让路，心灵不被世俗羁绊

心如止水是一种理想的境界，但在现实中经常伴随我们的却是情绪的波动。面对别人无意或者存心的伤害，很多时候我们都会说："是可忍孰不可忍"，其实，这只不过是恼怒的一种说辞和借口，当我们能够理智地控制情绪的时候，就会发现大部分的事情是不值得大动肝火的。有句话说："恼怒是片刻的疯狂，你控制不了情绪，情绪就会反过来控制你。"当因为情绪失控而怒发冲冠的时候，首先伤害的是你的心灵，然后伤害的就是和别人的关系，很多生死与共的患难之交，往往会因为一句失控的话、一个失控的动作而割袍断义，分道扬镳。

有人曾说："前世的五百次回眸才换回今生的一次擦肩而过"，两个人的相知与相识，是前世修来的缘分，因此，我们要倍加珍惜这茫茫人海之中为数不多的熟悉面孔。或许，两者之间有些纠纷和误会，我们不妨静下心来推心置腹交换意见；当两个人发生冲突的时候，不妨侧过身去，给对方闪出一条路来。选择让路，心灵就不会被世俗所羁绊，获得真正意义上的自由。当我们给别人让路的时候，或许会给自己带来一些暂时性的不便，但从长远来看，便是获得了一个好的人缘，拥有一种淳朴的友谊，这就使我们的人生之路越走越宽；反之，就会给自己种下祸根，埋下一颗随时可能爆炸的地雷。

春秋时代，鲁国和宋国之间发生了一场战争。宋军主将南宫万被鲁国打得丢盔弃甲，南宫万本人也被鲁军所俘虏，成了阶下囚。后来，鲁、宋两国双方经过谈判，决定讲和，鲁国把南宫万遣送回宋国。

回到宋国的南宫万又恢复了往日的官位，但是地位和威望却一落千丈。国君宋闵公已经不再宠信他，每次上朝议事，见到南宫万都是冷冰冰的，言语中也多带有挑剔和挖苦的语气。宋闵公觉得，这位打了败仗的将军侮辱了宋国的尊严，因此在朝堂上也就不再尊重这位曾经德高望重的大夫，在满朝文武面前，经常叫南宫万为“鲁囚”，对此事十分敏感的南宫万有苦说不出，也只能默默地忍受着，打掉牙往肚里咽。

有一天，宋闵公宣南宫万来宫中下棋，几局下来，南宫万连连败北。喝了酒的宋闵公乘着酒兴，又在扬扬得意中对南宫万冷嘲热讽：“在你作为宋国大夫的时候，寡人还是很敬重你的，但是你却在和鲁国的战争中失败了，丢了国家的脸面，你不自杀谢罪倒也罢了，反而还有脸回到朝堂来做官。你这一个从鲁国放回来的囚徒下棋的水平也是很一般，寡人赢你是理所当然的事。”说罢哈哈大笑。左右的侍卫们看到后，也纷纷起哄，七嘴八舌，指手画脚，尽情地侮辱着南宫万。

南宫万的自尊心再次受到了伤害。平日里宋闵公对他的当众侮辱，他都选择隐而不发，但是这次，由于喝了酒的缘故，南宫万的脑子一热，情绪失去了控制，也就没有考虑太多，伸手抓起面前的棋盘，恨恨地朝宋闵公的脑袋上砸去，尚在开怀大笑的宋闵公躲闪不及，脑袋顿时被棋盘砸得粉碎，一命呜呼了。

宋闵公死了，酒醒后的南宫万索性一不做二不休，起兵造反，宣布宋闵公的种种罪状，声明自己是顺天行事，一时间，宋国陷入了一片战火之中，鲁、齐、郑诸国纷纷趁火打劫。最后，南宫万的叛乱虽然平息，但原本尚有实力的宋国却无可奈何地沦为了三流小国，任由强邻欺辱而无可奈何。

身为国君的宋闵公，哪怕不想重用南宫万，也没有必要选择这样简单而又幼稚的方式来侮辱他，因为自己的荒唐，葬送了国家的前程，同时也葬送了自己的生命，若泉下有知的话，不知会不会后悔自己当初的所作所为。

美国总统威尔逊说过："如果你握紧拳头来见我，我想我可以保证我的拳头会比你握得更紧。但是如果你来找我说：'我们坐下，好好商量看看彼此意见相异的原因是什么'，我们就会发现彼此的距离并不是那么大，相异的观点并不多，而且看法一致的观点反而会更多。你也会发现，只要我们有彼此沟通的耐心、诚意和愿望，我们就能沟通。"在与人交往的过程中，无论遇到什么样的冲突，千万不要恼怒，做出不理智的事情来。懂得让路，才是不变的哲理。

失败时不放弃，成功才会尾随而来

当我们处于事业、爱情和生活低谷的时候，心情总会十分的沉重，感觉日月失去了光泽，生活没有了希望，机遇的大门紧紧地关闭，从而失去了积极进取、果敢自信的心态，原本开朗的性格也变得抑郁寡欢，觉得这个世界是惨淡的。当我们需要寻找重新崛起的机遇时，首先要明白机遇身在何处，了解它的一些特征。很多人的悲观失望抱怨机遇难寻，其实是因为走错了方向，与机遇擦肩而过。机遇并不是渴求下的状态，也不会在急切的心态中走向你的怀抱。机遇往往存在于前途渺茫、胜利无望的坎坷挫折中。抓住机遇的关键，是拥有一个健康的心态，只有健康的心态才能为机遇的到来创造良好的条件，清除障碍。当你处在低谷期的时候，不要被眼前的假象所迷惑，而要明白这是机遇到来的征兆。

一个小伙子爱上了一个女孩，他壮着胆子给那位女孩写了一封情书。几天之后，女孩回信了，可是信封上只有署名，信的内容却是一张白纸。小伙子感到不解:“接受和不接受都是可以明言的，无字的信是什么意思?”

小伙子继续给美丽的女孩写信，一年的时间里写了 99 封，而女孩也给他回了 99 封只有署名而没有内容的信。小伙子经过 98 次的打击之后就绝望了，再也没有勇气去打开第 99 个信封，把那封信放在了一个木匣子中，放弃了对女孩的追求。

一年之后，小伙子和别的女孩结婚了。一天，他偶然翻出了木匣中的那封信，打开一看，上面写着:“我做好了嫁衣，等你的第 100 封信到来时，我就做你的新娘。”小伙子知道之后，心如刀绞，泪如雨下，后悔自己当初的懦弱和放弃。

机遇往往尾随失败和挫折而来，机遇的到来也往往是成功的前奏。我们常讲，成功就掌握在自己的手中，而机遇和成功的掌握同样属于一个道理，在最困难的时候，做到不抛弃不放弃，坚持下去，就能够找到并抓住机遇，取得辉煌的胜利。

面对突如其来的变故，要有东山再起的勇气

人生的变故太多，历程中的潮起潮落犹如棋盘上时进时退的棋子。面对事业的后退和机遇的丧失，没有必要去后悔和痛苦而打扰今天的心情，那些莫名的忧虑也不应让你惶惶不可终日。毕竟，后悔是无济于事的，再多的忧虑都是空荡的悲伤。今日的人和今日的时光依然存在，倒不如总结一下过去的经验，静静地等待机遇的第二次敲门。

我们常说花无百日红，人无千日好，但反过来说，花儿也绝对不会长期地枯萎下去，人也不可能一直处在失败的低谷中。胜败乃兵家常事，对于人生来说，又何尝不是如此？借酒浇愁，希望驱除心中的块垒，是完全可以理解的，但错误的方式往往会导致悲伤的后果，更会延续今日的不幸，因此，在错过机遇、遇到困难的时候，不妨抽出身来置身事外，看待这些突如其来的变故。毕竟，昨天已经过去，明天还会充满希望。

机遇对于每个人来说都是公平的，它的到来也不是想象中的万人瞩目、光彩照人，而更像一个花枝招展的小姑娘。机遇到来时，往往是安静的，

以普通甚至毫不起眼的状态走进我们的生活中，只要是我们有着主动勤奋的精神，这些看似普通的机遇，往往会让你的人生发出绚烂的色彩，改变当下的痛苦与悲伤，还原一个风光无限的你。

古时候，有一个商人经过多年的打拼和努力，终于积攒下来一笔可观的财富。这些财富足可以让他有一个宽松平静的下半生。因此，他决定告别尔虞我诈的生意场，结束漂泊不定的生活，回到家里安度晚年，尽享天伦之乐。

当时时局动荡不安，路上经常会有歹人出没。为了预防不测，这个商人就把所有的财富买了玉器，然后定制了一把特大的油纸伞，将伞的竹柄关节全部打通，把买来的玉器全部放到伞柄之中，加之他身上穿着一袭不起眼的灰布长衫，从外表上看去风尘仆仆、饥寒交迫，不知内情的人无法想象他是一个腰缠万贯的巨商大贾。

就这样，他在路上行走了几个月的时间，果真是一路平安，轻轻松松，没有任何不测的发生。一天中午，商人走到了一个叫唐家寺的地方。当时天正下着小雨，有些疲惫的商人来到一个小面馆里准备休息片刻。吃完一碗面之后，连续赶路的他感到有些困倦，就伏在饭桌上睡了一会儿。当他醒来的时候，揉揉眼睛，此时天已经黑了。商人起身准备赶路，却发现他带的油纸伞没有了踪影，一阵寒风吹来，他不禁打了个冷战，心里暗暗叫苦，后悔自己的马虎大意。

但是商人并没有惊慌失措，当他看到和伞放在一块的小包袱完好无损的时候，更加肯定了自己的判断：一定是有人为了方便，顺手取走了他的那一把伞，绝不会是专门为了盗窃金钱而来。

商人索性就在这个小镇上住了下来。请人帮忙租了一个房子，专门从事修伞的小生意。由于他的待人随和、心灵手巧，在价格上也从不与人计较，很快就在小镇上站住了脚，名声也越来越大。镇上的人们都愿意让他修伞。每天人们见到那张和蔼可亲的笑脸时，无论如何也想不到他曾经是一个腰缠万贯的大富翁，更无法体会笑脸背后掩藏着一颗焦灼的心。

商人一等就是两年。两年里，他手中经过的伞成千上万，但是却没有出现他苦苦寻找的那一把。商人只有继续坚持等待，为了能够找到那一把伞，他贴出告示说，油纸伞可以以旧换新。小镇上的人兴奋了，他们从来没有见到过这样做生意的，纷纷回家翻箱倒柜，把一些不成样子的破伞拿来和商人进行交换。

一天，一个中年人来换伞，商人看到那把伞之后，紧张的心快要从嗓子里跳出来了，那一把伞正是他的全部家当寄存的地方，是两年多夜不能寐的苦苦等待的东西。但是，商人的面部表情依然是十分的平静，看到伞柄完整无缺的时候，心中长吁一口气，转身挑选了一把最好的伞送给了那个中年人。

在痛苦中抱怨失去机遇，往往会成为下一个机遇到来的路障，当你在机遇和困难面前修建一条畅通无阻的路时，静静地等待，那么，就会迎来第二次崛起的机遇。

第九章

历经风雨磨难，才能累积生命的强度

直面困难，让生命发出耀眼光芒

生命的美丽，在于充满了斑斓的色彩。但是，当我们一直戴着墨镜去看待它时，眼中永远是一幅灰暗的画面。常见的曲曲折折、大大小小的坎坷，组成了生命这个鸿篇巨制的乐章，假如不能怀着一份欣赏的心情来对待，听到的也只能是毫无次序而又漫长的嘈杂之声。当我们面对不如意时，应该把心态放得平和一些，换一个方法来思考，就会取得“柳暗花明又一村”的惊喜。

现实中的很多人，在困难面前畏首畏尾，不能迈出关键的一步。面对压力，无法认识到这是成大事者必经的考验，而是借口天意与命运的安排，这样的心态只能是一蹶不振，并感到走投无路、前途黯淡、寸步难行，这样，困难就无法有效地转化为前进的动力。当我们把苦难无限放大的时候，往往会失去生活的乐趣，甚至生存的希望，假如把这些失意放在人生的背面，那么，即使在痛苦的泥潭中拼命挣扎也会成为一个美丽的过程，和困难进行决斗的经历，也会转化为千金难买的人生财富。

米歇尔是一名美国的飞行员。在他46岁那年，一次的意外事故，把他身上多处的皮肤烧坏。在做了16次手术之后，才保住了性命。虽然性命得以保全，但他的生活陷入了前所未有的困境之中，米歇尔无法拿起刀叉用餐，也无法拔打电话，甚至连一个人上厕所都比较困难。面对这一切，米歇尔没有任何的悲观情绪。他说：“我完全可以掌控我的人生之船，那是我的浮沉，我可以选择把目前的状况看成倒退或是一个起点。”在不懈的努力下，6个月之后，他又能开飞机了！

米歇尔在科罗拉多州买了一套房子，另外也买了一架飞机和一家酒吧，后来还和两个朋友合资开了一家公司，专门生产以木材为燃料的炉子，在他的精心经营下，这家公司成了佛蒙特州的第二大私人公司。

命运似乎永远喜欢和米歇尔开玩笑，4年之后，50岁的他又在一次飞行中失事。手术之后，他的脸因为植皮而变成一块色彩板，手指已经没有了，腰部以下永远瘫痪，只能整天坐在轮椅上了。

面对再次的灾难，米歇尔没有退缩，和病魔进行着不屈不挠的斗争，通过不断的努力把他的病躯发挥到最大限度的自主。他被选为科罗拉多州孤峰顶镇的镇长。

尽管米歇尔已经行动不便，但并没有影响到他的生活激情，他拿到了公共行政硕士，并持续他的飞行活动、环保运动及公共演说。

米歇尔的故事感动了千千万万的美国人，著名的杂志《今天看我秀》、《早安美国》、《前进杂志》、《时代周刊》、《纽约时报》都对他进行了专访，鼓励人们向这位身残志坚的英雄学习。

米歇尔说：“我瘫痪之前可以做10000件事，现在我只能做9000件，我可以把注意力放在我无法再做的1000件事上，或是把目光放在我还能做的9000件事上。告诉大家，我的人生曾遭受过两次重大的挫折，而我不能把挫折拿来当成放弃努力的借口。或许你们可以用一个新的角度来看待一些一直让你们裹足不前的经历。你可以退一步，想开一点，然后，你就有机会说：‘或许那也没什么大不了的。’”

面对潦倒，我们所要做的不是怨天尤人、自暴自弃，而是应该把所有的失意都放在人生的“背面”，不断地去捕捉生存的智慧，笑对坎坷，直面困难，承受打击，让自己成为生命的强者，发出耀眼的光芒，上帝是公平的，只要是有了艰辛的付出，就一定能够得到丰厚的回报。

抱定必胜的信心，没有人能够打败自己

我们中的很多人，出生于贫困的家庭，成长在普通的巷陌之中，儿时的贫苦与闭塞的环境，缺少对外面世界的认识，在后来的城市生活中，难以掩饰内心深处的自卑。同是在一个城市生活的人，别人都提着笔记本电脑，谈吐中夹杂着一些外语。对比之中，我们的心下开始气馁，认为先天的差距无法弥补，自己将不可避免地败在出身优越者之手。

当一个人自认为永远落在别人身后的时候，就注定了追求的失败、成功的远去。古人云“英雄不问出处”，出身低微并不代表无缘会当凌绝顶的风景。“王侯将相宁有种乎”的口号在历史的上空响彻了几千年，难道，我们真的自甘沉默吗？这个世界上，没有人能够打败自己，最大的敌人不是强大的对手，而是一个自卑懦弱的心灵。只要相信自己能够成功，并为之进行不懈的努力，你的前方就一定是鲜花和掌声，如果认为自己一无是处，那么，等待你的只有讥笑和口水。

亨利·福特被称为新工业之父，他年轻的时候在一家电灯公司当工人。有一天他突发奇想，想要设计一种新型的引擎。妻子知道他的这个打算之后，十分支持他的工作，鼓励他说：“天下无难事，只要是努力，就能获得成功的！”

妻子把家里的旧棚子收拾出来，作为他的实验室。福特每天下班回

到家里，顾不得休息，就一头扎进实验室里做研究。冬天旧棚子十分冷，他的手都冻成紫色，牙齿在寒冷中发出咯咯的碰撞声。但是他没有退却，而是鼓励自己说："引擎的研究已经有了眉目，再坚持干下去就能获得成功了。"

亨利·福特在旧棚子里苦干了3年，当别人认为他在异想天开的时候，他做的引擎终于问世了。1893年，亨利·福特和他的妻子乘坐着一辆没有马的马车，在大街上摇晃着前进，街上的人被这景象吓了一跳，好像是见到了一个怪物一样。从这一天起，这个对整个世界都产生深远影响的新产品，就在亨利·福特的驱动下诞生了。

亨利·福特后来决定制造著名的V 8型汽车时，他要求工程师们在一个引擎上铸造8个完整的汽缸。工程师听了都觉得这是匪夷所思，纷纷摇头。福特命令道："谁不想干，就走人！"为了保住饭碗的工程师们只好按照他的安排去做，心里却在暗暗讥笑这个疯子一样的家伙，因为他们认为这是一件不可能的事，所以没有一个人会奢望成功，6个月过去了，研究毫无进展。亨利·福特决定把他们全部辞退，另外挑选几个对研制V 8型汽车有信心的人来完成这个工作。他坚信人一旦有了稳操胜券的信心，就会有希望。新工程师们经过反复研究，最终找到了制造V 8型汽车的关键窍门。

相信自己能够成功，成功也往往会相信你。人的心灵由两个主要部分组成，就是意识和潜意识。意识会做出一种决定，而潜意识会实施所做出的决定，有人这样比喻说："人体的神经系统，特别是大脑，就相当于电脑的'硬件'，意识就是这部无比精密电脑的'操作者'，潜意识就等于电脑的'软件'。"当我们的意识中写满了失败和不可能时，潜意识也会不自觉地幻想失败的方向，当我们的意识中抱定必胜的决心时，潜意识会千方百计地为我们寻找成功的捷径。一个人生来是不会被打败的，但是，如果意识发生了扭曲和错位，那么他的人生道路也会很自然地发生扭曲和错位。

拥有一颗希望的心，就能拥抱明天的太阳

给我们带来痛苦和哀愁的困难和挫折，是无法用主观意识来控制的。的确，没有一个人的生命历程是一帆风顺、完美无限的，谁的身心都会有困难留下来的印记。困难是生活的重要组成部分，就像每天生活中的柴米油盐一样，没有谁能够避免得了，也缺少不得。当我们遇到困难和挫折的时候，很可能会整日地提心吊胆、郁郁寡欢，甚至是萎靡不振、愤世嫉俗、逃避现实。其实大可不必这样，我们应该乐观而勇敢地面对这些不如意，保持理智和清醒，镇定自若地去化险为夷，这样不仅仅解决了困难，还能够保护自己不受到一些不必要的伤害。

只要是我们人还在，明天还在，就没有什么可以忧虑和担心的了。在夕阳西下的时候黯然神伤，还不如等待明天旭日东升时信心满怀地去参加新一轮的奋斗。很多的人把消极的情绪思想等同于现实本身，从而触景生情，其实，环境是没有任何伤感和欢乐的因素存在，只不过是我们的心灵世界起了变化而已。那么，就在心情低落的时候，站起来走到窗口，去眺望一下绿如蓝的春水、迷人眼的红花吧，这样能够让你的心情得到休养和生息，同时张开双臂，拥抱明天的希望。

罗伯特是美国著名的企业家。他出生在美国西部的一个乡村中，由于家庭经济条件有限，他只受过很短的学校教育，小学没有读完就辍学了。

15 岁那年，为了减轻家里人的负担，他不得不去一个山村里做着马夫的工作。不过，胸怀大志的罗伯特并没有放弃对人生的规划和梦想，他下决心一定要活出个样子来，创造出一片属于自己的天地。18 岁那年，他来到了一家建筑公司做小工。

建筑工人每天都在和泥水石灰打交道，工作十分辛苦，而薪水和工作量又不能成正比。他的同事每天都抱怨痛苦的生活、不利的环境，然而，罗伯特并没有和别人一样做无谓的抱怨，他下决心要做同事当中最优秀的人，因此，每天下班之后，他就避开闲聊的同事，躲在一个角落里看书，学习建筑知识。有一天，前来检查工作的经理看到了他手中的书和笔记本，暗自记住了这个勤奋好学的小伙子。第二天，经理把罗伯特叫到办公室，问他为什么要学那些和他身份不符的东西，罗伯特回答说："我们公司缺少的不是打工者，缺少的是那些既有工作经验，又有专业知识和技术的中层骨干，我也并不想一直在工地上消耗下去，所以就在下班的时候多学一点知识。"经理赞赏地对他竖起了大拇指。几天之后，罗伯特就被任命为项目经理。

成为项目经理后的罗伯特并没有知足，而是朝着更大的方向努力。为了工作，他经常加班，很多同事感到不理解，就嘲笑和挖苦他。罗伯特说："如果你们认为我在为老板打工，只是为了钱而卖命，那就大错特错了，我决不甘心现在的位子，我要为明天的理想和前途而奋斗。"正是因为有了这样的信念，几年的时间里，罗伯特从项目经理做到了工程师，最后又做了这家建筑公司的总经理。

经过长期的经验积累和努力拼搏，在 10 年之后，他终于拥有了自己名下的公司，创造了非凡的业绩，完成了从一个建筑工人到成功人士的飞跃。而那些嘲笑他的同事，还在建筑工地上做着小工，还在抱怨着劳累的工作和不高的薪水。

无论遇到什么样的困难和挫折，我们都不能够丧失希望和进取心，希望是前进的动力、灵魂的本质，是生活活力的源头，面对困难，我们需要做的不是悲观和抱怨，而是满怀信心，冲破阻挠和束缚。拥有一颗希望的心，就能拥抱明天的太阳。

再坚硬无比的船只，也有风浪的痕迹

在生活和事业中，我们每一个人都渴望着一帆风顺、一马平川，然而，这个世界却是残酷的，处处设下让我们意想不到的伏击，让本来想一路高歌、畅行无阻的我们落得个人仰马翻的下场。当我们满身灰尘的时候，心情会出现些许的低落，这是很正常的现象，意外的打击对于任何人来说都需要一个适应的过程和心态调整的时间，但是，如果沉溺在痛苦中不能自拔的话，那么，我们或许就会永远生活在创伤的阴影当中了。我们应该明白这样的一个道理，大海上行驶的船只，哪怕是坚硬无比，也会有风浪甚至暗礁所留下来的痕迹。而这些伤痕，对于船只来说，却代表着一种经历和荣耀，不存在失败的成分。当我们面对暂时的困难时，多想一想这些大海中久经风浪的船只，就会逐渐变得心平气和，拍拍身上的灰尘之后，继续踏上我们的人生路程，寻找幸福和胜利。

西班牙港口城市巴塞罗那有着悠久的造船历史，当年开辟新航路的船只，绝大部分是在这个城市的一家造船厂生产的，而这家造船厂有着1000多年的历史。造船厂从刚刚建设时期就立下了一个规矩，每艘船只出海后，都要在车间里留下一个模型，并将这艘船舶所有的经历刻在它的模型上。到现在为止，模型陈列馆里陈列了将近10万只的船只模型。

每一个前来参观的人都会被那些船只模型所震撼，其中的原因不是因为船舶模型的精致和坚硬，而是感慨悠久的造船厂对西班牙乃至整个欧洲航海事业所做出的巨大贡献，更多的是被每一只模型上的文字所震惊，从而带来深深的思考。

有一只名字叫“西班牙公主”的船只模型上雕刻的文字是这样的：本船共计航海50年，其间遭遇冰川11次，遭海盗抢掠6次，与另外的船只相撞9次，发生故障抛锚搁浅21次。将近10万只的船只模型上都有着类似的文字，详细地记录了该船所经历的风风雨雨。在陈列馆的一面墙上，还有相关文字专门对这些船只做了介绍：造船厂出厂的近10万艘船只当中，有6000艘在大海中沉没，有9000艘因为受伤严重不能再进行修复，有6万艘船只都遭遇过20次以上的大灾难，没有一只船无受伤的经历……

我们可以从西班牙的智慧中吸取哲学的营养，任何船只，无论什么用途，只要是在大海里航行，都会受到风浪的考验，受到伤害，甚至会遇到灾难。而我们的人生又何尝不是如此，只要是来到人间，就会经历风风雨雨、是是非非，受到或大或小难以计数的创伤和考验。然而，人的高贵之处就在于能够坦然面对这些灾难，在跌倒后爬起来，继续进行人生的航程。

有一个小男孩，出生在贫困的山区，他从小的理想就是通过自己的努力走出山村去，过城市人的生活。

在他上高中的时候，父亲病逝。为了照顾体弱多病的母亲和年幼的妹妹，他决定退学。然而，当母亲听说他的打算之后，又急又气，狠狠地抽了他一个耳光，在他的记忆中，这是母亲第一次打他。

母亲用孱弱的肩头承担起了抚养两个孩子的重任，连续5年里从未添置过一件衣服，满脸的皱纹让她很早地老去。好在，争气的儿子没有辜负她的希望，终于考上了省城里的一所重点大学。

几年的大学生活中，男孩只回过一次家，每逢寒暑假都在城市里做兼职。在他回家的那一次，用打工挣来的钱为母亲买了一件上衣，当母亲穿上儿子买的衣服的时候，全家人忍不住抱头痛哭。

大学毕业之后，男孩以优异的成绩进入一家科研公司工作。他出色的工作业绩、认真的工作态度，得到了老板的赏识。几年之后，不满足于现状的他毅然从公司辞职，独自出来创业，依靠几年的丰富经验，3 年后，他的公司资产已经超过千万元，员工超过 200 人。

人的生命是十分脆弱的，任何的困难和磨难都可能留下永久的痕迹，但是人的生命又是十分坚强的，天灾人祸、自然灾害都无法将人类彻底地灭绝，相反，经历过痛苦和磨难的人们，重新站起来之后，会变得更加坚强和高大。身为万物之灵的我们，不可避免地要经受一些痛苦的经历，假如能够以平和的心态来看待，淡化处理这些挫折和伤害，相信我们一定能够获得不同层次、不同领域的成功。

面对残酷的命运，给它一个笑脸

现实的残酷性在于，很多人会在毫无准备的状况下遇到不尽如人意的事情。面对生活中的不如意，一个人可能会不停地抱怨，抱怨出身贫穷，抱怨伯乐难寻，抱怨生不逢时，抱怨命运多舛，看到别人的成功和富足，眼睛里充满了嫉妒的怒火。

如果世界能够因为抱怨而改变的话，那么如今的地球就会变得处处充满鸟语花香了。事实上，每一个人的抱怨都是徒劳的，只能是浪费口水、浪费时间、浪费精力。重新崛起的机会，往往会在一声声的咒骂中悄悄地溜走。现实的生活总和理想有着太大的差距，不满意的诉说可以适当地发泄一些内心的苦闷，但失去了适度的原则，一味沉溺其中，就有些得不偿失了。

面对残酷的命运，短时间内我们可能无法改变，躲避和沉沦又不是明智的选择，那么，就给它一张笑脸吧。命运并不是一个冷心肠的家伙，当我们微笑着迎接它的时候，那么它就会减少对你的折磨。面对不平等，面对不如意，我们应该改变一下自己的思维，愚蠢的人常把问题复杂化、悲观化，明智的人却懂得如何去把它简单化，用一个乐观的心态来看待它。当我们开辟一个新视角的时候，随之也就有了一种新生活。

化学家沃克林是一个农民的儿子，虽然家境贫寒，不过却有着不凡的资质。老师经常勉励这个聪明的学生："继续下去，我的孩子，努力学习，努力工作，将来你定会有出息。"老师向一位乡村药剂师推荐了这个强健聪明的孩子，让他在实验室里学习碾药片。沃克林在工作的时间想继续完成自己的学业，却得到了药剂师的拒绝和阻挠，于是他就辞去工作，远走他乡了。

沃克林背着行囊，徒步来到巴黎。来到这个陌生的世界，举目无亲，工作又很难找，在疲惫与窘迫中，沃克林不幸病倒，被人送进医院。在沃克林料定自己必死无疑的时候，却被医院医治好了他的病，康复之后他终于找到了一个药剂师的工作。随后又在一个偶然的机会中，沃克林认识了著名的化学家福克罗伊。福克罗伊非常喜欢这个年轻人，让他做了自己的私人秘书。多年之后，当这位伟大的化学家逝世之时，沃克林作为化学教授继承了他的事业。1829年，家乡的选民选举沃克林为议会代表，他终于载誉回到他那阔别多年、曾使他历尽劫难的故乡。

“自助者，天助之”，这句古老的哲理成为现代人成就自我的心理基石和前进动力，一个国家的经济发展，靠得住的是拉动内需，一个人的事业发展，更要依靠于个人的努力。外界的帮助都是十分有限而且效果又极其脆弱的。过度地受制于客观环境和别人，一个人就很难有所作为。

命运本身并不是我们想象中那样神秘莫测，我们抱怨着命运不济和世事难料，反而起到一种越描越黑的效果。海风和海浪会经常伴随在航海者的身边，是因为他们的距离如此的接近。当我们投身于事业的奋斗之中时，命运之神也会垂青于我们这些努力奋斗的人。给残酷的命运一个微笑，那么，你就会发现，自己收获的将会更多。

不怕从头再来，只怕自暴自弃

追求的过程中不可能一蹴而就，往往要经过上百次的失败之后才能够获得成功。失败所造成的后果并不是一塌糊涂、无法收拾，而是面对失败时的一种人生态度。坚强的人会在失败中吸取教训，知道失败之后该去如何做，而懦弱的人在失败之后只会归结于时运不济、天命如此，无法让自己变得更强。失败是很正常的生活现象，面对失败，我们应该从跌倒的地上爬起来，重新开始，从头再来，继续努力，追求胜利。而不是捶胸顿足、号啕大哭。

重新开始是对人生历练后的一种沉淀，是放弃浮华后的一种表现。当我们面对挫折的时候，重新开始就会明白成与败、输与赢只是人生的一个表面现象，而我们追求的不一定是灿烂的结果，而是追求本身所具有的人生意义。自暴自弃，属于生命中的杂质，应该及时地除去。

史密斯是一位成功的裁缝师，出生于爱尔兰岛，14岁来到美国。在爱尔兰岛的时候，史密斯在7岁就去一家裁缝店做学徒。学徒是没有薪水的，而报酬就是“学到了裁缝店里该做的事情”。到了18岁的时候，史密斯自己开了一家裁缝店，做了两年之后，便转手卖了出去。

一个人的力量往往是有限的，凭借史密斯一个年轻人的力量很难在一个城市里立足。店卖出去以后，他又在别的裁缝店里工作，积攒了一定的经验之后，再度萌发了开店的念头。于是他就和弟弟及其他几个合伙人共同买下了一家礼服店。史密斯投资了8万美元进货，但接下来发生许多不幸的事：即将开业的前一天晚上，小偷潜入室内，结果价值8万美元的货就这样不翼而飞；他再进货，却在一场大火中付之一炬；一个狡诈的保险经纪人未将史密斯支付的第一张保险费的支票交给保险公司，结果没有投保的记录，保险公司拒绝赔付；可以证明公司存货内容和价值的重要证人去世了。上述一系列的打击让这个充满信心的年轻人也有点不知所措了。

血本无存的史密斯只好在别的裁缝店工作，但没有多久，他那渴望拥有自己事业的欲望又蠢蠢欲动，而且他始终相信跌倒了就再站起来，最终一定可以双脚稳稳站住。

于是，史密斯第三度开了一家裁缝兼礼服出租店，这次是和他的表弟一起开的。但为了能够真正拥有一家店，不久他就买下了表弟的股份，而且这次他决定多听别人的意见，但在一些大方针上，还是依靠他自己作的决定。他明白一个道理，假如跌倒了，就要自己站起来，而不是让别人扶起来。他联想到一首歌的歌词：“拾你的信心，把身上的灰尘掸掉，一切从头开始。”

史密斯说：“那首歌简直就是在说我。那是追求独立自主唯一的方法，至少对我是如此。”而今史密斯在他的专业领域里已经成了权威性的人物。

世间万物都处在相辅相成之中，成功和失败在一定的条件下可以相互转化。成功不是一个一成不变的程式，每个人都有自己不同的表现形式。但是，如果在困难面前弯下了腰，就永远不可能获得丝毫的成功。在生活中我们可以放弃不作选择，可以积极但不能钻营，可以放松而不能放纵，可以玩转人生但不能游戏人生。我们在失败面前更要活得洒脱和从容，一切大不了从头再来。

在 100 次跌倒之后，选择第 101 次站起来

人生中的有得有失，和月亮的时盈时亏一样属于常见的现象。从很大的程度上来说，生命就是得失相互交替的过程。当不幸降临的时候，短暂的心情低落在所难免，但是，一味地消极躲避却是无济于事的。面对困难，最可怕的就是失去了斗志和希望，一个失去希望的民族，必定是充满了暮气的民族。一个失去了希望的人，存在的意义也只是行尸走肉。困难，是冬日的冰雪，而希望，就是发出金色光芒的太阳。有了希望的存在，千里冰封、万里雪飘的冷寂和痛苦，很快就会消失得无影无踪。

将希望镶嵌在我们的信念之中，往往在很短的时间里，困难面前的你就会精神抖擞、斗志昂扬，人生观也会变得更加健康和成熟。但是，失去了希望的人，他的神经系统中就被下了一道紧箍咒，不仅表现为头痛难忍，

甚至还会让人生轨迹改道，对待未来也不再抱有任何希望。同样的处境和环境，一个怀有希望的人和一个沮丧的人，他们的选择是绝不相同的，而结果也会有着天壤之别。

某位哲人说过：“一个有希望的人所发出来的力量，不次于99位仅心存兴趣的人。”希望会传达给我们的神经系统有效的信息，我们会进入整装待发的状态。相反，当我们失去希望的时候，我们的信念就会受到控制，无法发挥积蓄和潜在的能量去开创美好的未来，这样，在精神领域中也就宣判了一个人的死亡或者残疾。而给予我们力量的，正是希望。拥有希望的人，哪怕是垂垂老矣，所焕发出的力量也是强劲的。

卡莫尔斯是一个90多岁的老人，他最擅长表演乐器。在他90岁的寿辰那天，人们来看望他，看到那老态龙钟的神情，总感觉他和艺术家是没有联系的。

就在吃早餐前，卡莫尔斯贴近钢琴——那是他擅长的几种乐器之一。他颤抖着把手指放到琴键上，费力的样子让很多人对他表示担心。

但是，不一会儿，奇迹般的现象发生了。90岁的卡莫尔斯突然完全变了个人似的，透出飞扬的神采，而身体也开始随弹奏一起动起来，仿佛是一位硬朗的、强健的、柔和的艺术家。有人描述说：“他的手指缓缓地舒展移向琴键，好像迎向阳光的树枝嫩芽，他的背脊直挺挺的，呼吸也似乎顺畅起来。”弹奏钢琴的举动，完完全全地改变了他的心理和生理状态。当他弹奏乐曲时，是那么的纯熟灵巧、炉火纯青；随着他奏起布拉姆斯的协奏曲，手指在琴键上像游鱼般地轻快地滑过。

“他整个身子像被音乐融解，”卡莫尔斯的一位朋友之后说道，“脊背不再僵直和佝偻，代之以是柔软和优雅，不再为关节炎所苦。”在卡莫尔斯演奏完毕，离座而起时，跟他当初就座弹奏时全然不同。他站得更挺直，看起来更高，走起路来也不再拖着地。

某位学者说过：“不要害怕失败，即使被踩到泥土里，我们也不能甘心变成泥土，而要成为破土而出的鲜花。跌倒并没有什么可怕的，可怕的是跌倒之后的迷茫和失望，面对失败我们的内心要镇静和自信一些，用那颗不灭的希望之心支撑着自己去对付挫折和困难。”

这个世界上，真正能够打败我们的只有我们自己，当我们失去了信心，熄灭了希望的火花的时候，一个人就永远也站不起来了。我们应该坚信：人可以被打败，但是不能被打倒，只要是拥有希望，在第100次跌倒之后，我们会选择第101次站起来，对昨天的不幸挥挥手说声“再见”，用不屈的毅力赢得未来。

历经风雨磨难，才能累积生命的强度

磨难是生活中的重要组成部分，任何一个人都难以避免。世间万物，都是在艰苦的经历中度过的。俗话说：“玉不琢不成器。”温润光泽的美玉，之前都是需要工匠们的精雕细刻才能散发出迷人的光芒。人生中的磨难和这有着同样的道理。磨难对于我们来说，不是摧毁而是塑造，不是难为而是帮助，磨难是促进心灵快速成长的增高药，是上天对人们昂贵的馈赠。

《钢铁是怎样炼成的》一书的作者奥斯特洛夫斯基说过：“人的生命犹如奔腾的洪水，不遇着岛屿和暗礁，就不会激起美丽的浪花。”我们的流行歌曲里也唱道：“不经历风雨，怎么见彩虹。”只有经历了风雨磨难的生命，才能积累生命的强度，才能知道生命的珍贵。

人的生命历程其实就是在不断的磨难中不断成长的历程，磨难对于我们来说，称得上风雨同舟、形影不离的朋友了，没有经历磨难的人生是没有质量的人生，人生中失去了磨难的挑战，也就无法品味出生命极限挑战后的喜悦。

狄更斯于1812年2月出生在一个下级海军军官家庭。由于家庭条件十分贫困，在他9岁的时候被母亲送进了一个鞋油作坊做了学徒。12岁那年，狄更斯结束了学徒生涯，重新进入学校进行学习。毕业之后，做了一名律师的书记员。由于他对当时万恶的社会十分痛恨，对于在水深火热中苦苦挣扎的劳苦大众充满了同情。他下决心，要用自己的力量来帮助善良的人们。

1831年，英国的民主运动在法国七月革命浪潮的影响下蓬勃开展。此时的狄更斯正担任《太阳真理报》的政治记者。他对待事情的发展有着敏锐深刻的观察力，对重要的社会活动场面把握得比较准确，对待劳动大众有着金子一样的心，他常常用辛辣的文笔来讽刺国会议员的虚伪和阴险，猛烈地抨击国会成为有钱人的社交场合，漠视中下层人民的悲惨遭遇，很快，狄更斯成为国会记者中的佼佼者。

在国会做记者的时间里，他的工作是在旁听席最后排的灯光下，在膝盖上做记录。他常常是饿着肚子在颠簸的马车上构思新闻，把速记符号转化为文字。记者的生活虽然苦了点儿，但对于狄更斯来说却进一步锻炼了他的观察力和勤奋刻苦的精神，为他日后在文坛上开辟新天地打下了坚实的基础。

1883年的狄更斯开始了文学创作的道路。他的第一篇作品《白杨道旁的晚餐》经过长时间的构思和写作，终于在《新月刊》上发表，随后他一口气写了6篇文章都被这家杂志社看重，一时间，伦敦人认识了一个叫狄更斯的作家。从此之后狄更斯开始了写作的道路，开始了小说的创作。1836 年他的第一部长篇喜剧小说《匹克威克外传》出版，生动幽默的文风得到了英国人民的喜爱，一时间，人们都在阅读和谈论他的作品。

后来狄更斯陆续写出了《雾都孤儿》、《双城记》、《艰难时世》等作品。这些作品里深刻地揭露了社会的黑暗和资本家的罪恶，他的名字和作品传遍了整个世界。狄更斯的童年是不幸的，家庭的贫穷与多难使得他早早就得背负起生活的重担。可贵的是，他用知识和勤奋刻苦改变了自己的命运，生活中的挫折和磨难成为他走向成功之路的阶梯。

不懈的奋斗，是我们应该永远保持的品质，做任何事情都会遇到或大或小的困难，要想取得成功，需要持之以恒的精神，这是取得成功的必由之路和不二法宝，因为人生的真谛就在于拼搏奋斗。歌德曾经说过:“不苟且地坚持下去，严厉地督促着自己继续走下去，哪怕是我们中间最微不足道的人去这样做，也会达到目标的。因为坚持的无声力量会随着时间的增长而增长，没有人能够抗拒它。”在中国，有一个成语叫作“十年磨一剑”，十年的不懈努力，换回的不仅仅是事业的辉煌，更重要的是一个坚韧不拔而又无坚不摧的顽强斗志。

第十章

抛开功名利禄的羁绊，
便是人生好时节

虚名浮利，不过是表面的风光

追名逐利属于人的本性所在。其实追求本身属于一个快乐的过程，人们可以从中享受进步的喜悦。但是，欲望却是生命中的沉重负荷。当对生活的追求演变为无休止的欲望之后，人就很可能变得利欲熏心，争名夺利，在丧失掉人格之后还会失去生活的快乐和意义。一个人一旦具有了名利思想，心灵上就会受到束缚。如果付出太多而没有得到任何回报，很可能会生活在失败的阴影当中，甚至会一蹶不振。

其实，人生中美好的追求有许多，功名利禄只是很小的一个部分。如果因为这极小的一部分而将整个生命作为代价，实在得不偿失。虚名浮利终归是身外之物，生不带来死不带去，还是看开些的好。《好了歌》里说得好："世人都晓神仙好，唯独功名忘不了；古今将相在何方，荒冢一堆草没了。"功名利禄，最终都成过往云烟；烈火烹油，不过是昙花一现；出将入相，到头来不过是一枕黄粱、南柯一梦，倒不如在这大好时光里去享受人生中的安逸和悠闲。

严子陵是汉代颇有名气的人物，在外拜师求学时，与南阳人刘秀结为莫逆之交。后来，刘秀在洛阳建立了东汉政权，登上了皇帝的宝座，成为汉光武帝。这时，子陵却改名换姓，隐身远避。光武帝思贤若渴，想让严子陵进京做官辅佐自己，于是命人到处查访他的下落。后来山东官员报告说，有一男子身披羊裘，经常垂钓于江河畔。光武帝认定他就是子陵，忙命人准备车辆，派专使携带礼物去聘召他，但三次遭到他拒绝。最后，只好前挽后推地拥他强行上车，接到洛阳。到了洛阳后，光武帝下旨将子陵安置在北军住宿。子陵睡的是锦绣被褥，吃的是山珍海味，受到精心服侍，优厚款待。

丞相侯霸与严子陵是老朋友了，派人带着亲笔信来问候。使者对子陵说："大人听说先生来京，本想马上来问候，但因公务繁忙，等过一段时间再来接受先生的教诲。"严子陵却不回答。使者要求他写封回信，以便向主人交差。子陵推说手疼不方便写字，而是口授回复："老朋友侯霸，现在已经做到了三公的位子，实在是可喜可贺。希望你能够用仁义的思想辅佐天子，千万不要一心只会阿谀奉承、溜须拍马。"此话传到侯霸耳朵里之后，侯霸觉得脸上无光，将情况报告给光武帝，光武帝听了笑着说："这是狂奴的老脾气，用不着计较。"说着，马上命人驾车出宫，亲自去拜访子陵。子陵仍睡在床上，对光武帝的到来假装没看见。光武帝走到床前，用手抚摸着子陵的肚腹说："子陵啊子陵，你不肯出来辅助我是何缘故？"子陵依然假装闭目入睡，好久才睁眼说道："从前唐尧有天下，巢父还要去河边洗耳。并不是因为对唐尧有意见，实在是人各有志，为什么一定要强逼呢！"光武帝很遗憾地说："子陵啊，看来我真不能说服你了！"一边叹息，一边登车回宫。

不久，光武帝邀请严子陵进宫，畅叙昔日旧事，谈论治国平天下的道理。光武帝从容地问："子陵，我比过去怎么样？"子陵说："你比过去胖多了！"当晚，两个人和求学时一样同床抵足而眠。子陵竟将脚搁在光武帝的肚子上。第二天，太史官报告，说是"客星侵犯帝座甚急"。光武帝听了大笑说："这是我和旧友同睡啊！"光武帝任命子陵为谏议大夫，而子陵却坚持不接受，之后远离帝京，来到风景秀丽的富春江畔，过着边读、边耕、边垂钓的隐居生活。汉建武十七年(公元41年)，光武帝再次下旨征召，子陵仍然不愿做官，直至80岁，终老在家乡。严子陵视功名利禄为粪土的故事，流传了2000多年。

虚名浮利是给外人看的，风光无限只是表面的现象。过分地热衷，反倒和人的本性脱离了。抛开这些追逐，我们会发现，天空更蓝，河水更绿，心情也将变得更舒畅。一心追求名利，会陷入无边苦海，舍弃名利，拥有的是坦荡的心胸。

人生如戏，富贵如梦

人生的旅途，犹如一江东去的流水。每时每刻都在前进，或快或慢或急或缓，状态不尽相同，结局却是一样，最终将不可避免地流入大海。名利财富，如同水中漂浮着的树叶，在入海的那一瞬间离我们而去。这是一个无法拒绝的现象和规律。人生如梦，梦醒时刻，往往会觉得梦里的追求和奋斗过于荒唐，里面的殚精竭虑又显得过于可笑。人生的遗憾，往往是得到大彻大悟之后又悔之晚矣。既如此，还是早日看淡世俗，以旁观者的身份来看待富贵如梦、人生如戏吧，把在患得患失中逝去的时间，用在看花开花落、望云卷云舒中，让生活多一份从容与恬静。

面对沧海桑田和荣辱变迁，我们的祖先留下了许多富有智慧的话语。老子说过:“金玉满堂，莫能守之。”孔子有言:“君子之泽，五世而斩。”民间谚语里的“富不过三代”也在广为流传。先人们谆谆的教导，正是我们应该学习的人生态度。“伤心秦汉经行处，宫阙万间都做了土”，一切的世事无常，都由它去吧。“人生不满百，常怀千岁忧”不是我们该有的生活态度。新人笑旧人哭，如同皓月的阴晴圆缺变化，无法避免，索性看淡。一切，不过是南柯一梦。

隋末唐初的时候，广陵有一个叫淳于棼的人，极有才华，可惜命运不济，每次科考，结果都是名落孙山。久经打击的淳于棼郁郁寡欢，失去了斗志。在家借酒浇愁，醉生梦死。他家的院中有一棵根深叶茂的大槐树，盛夏之夜，月明星稀，树影婆娑，晚风习习，是一个乘凉的好地方。

淳于棼过生日的那天，亲友们都来祝寿，他一时高兴，就多喝了几杯。夜晚，将亲友们送走之后，淳于棼酒意未消，昏昏沉沉地带着几分酒意坐在槐树下歇凉，醉眼惺忪，不觉沉沉睡去。

蒙眬中，来了两个衣着华丽的使者，说是奉国王之命邀请淳于棼去槐安国。淳于棼起身登上使车与他们一块进了一个树洞。洞内别有另一番世界。淳于棼到来的时候正赶上京城举行选拔官员的考试，他便报了名。三场笔试下来，文章写得十分顺手。等到公布考试结果时，他名列第一名。接下来就是由皇帝主考进行殿试。皇帝见淳于棼风流倜傥、仪表堂堂，又很有才气，非常喜爱，就亲笔点为头名状元，并把公主嫁给他为妻。状元郎成了驸马爷的故事不胫而走，一时京城传为美谈。

淳于棼和公主结婚后，相敬如宾，举案齐眉，感情十分美满，淳于棼陶醉在幸福的生活之中。之后淳于棼被皇帝派往南河郡任太守，一待就是20年。淳于棼在太守任内经常巡行各县，鼓励农桑，重视生产，抑强扶弱。属下各县的县令、官绅不敢胡作非为，老百姓对他赞不绝口、爱戴有加。皇帝几次想把淳于棼调回京城升迁，当地百姓听说淳于棼太守离任，纷纷拦住马头，送万民伞，进行挽留。淳于棼为百姓的爱戴所感动，只好留下来，并上报向皇帝说明情况。皇帝欣赏淳于棼的政绩，赏给他不少金银珠宝，以示奖励。

有一年，敌兵入侵，大槐安国的将军率军迎敌，几次都被敌兵打得溃不成军。消息传到京城，皇帝震动，急忙召集文武群臣商议对策。大臣们听说前线军事屡屡失利，敌兵逼近京城，凶猛异常，一个个吓得面如土色，你看我，我看你，都束手无策。

皇帝看了大臣的样子，气愤不已，厉声喝道："你们平日养尊处优，享尽荣华，朝中一旦有事，你们都成了没嘴的葫芦，胆小怯阵，一句话都不说，要你们何用？"

为了推卸责任，宰相立刻向皇帝推荐淳于棼。皇帝立即下令，让淳于棼统率全国精锐与敌军决战，并在郊外亲自为淳于棼举酒送行。祝驸马爷能够打退敌兵，救国安邦。

淳于棼领命后，不敢耽搁，立即统兵出征。可怜他对兵法一无所知，与敌兵刚一接触，立刻一败涂地，手下兵马被杀得丢盔弃甲，东逃西散，淳于棼差点儿被俘。皇帝再次震惊，决定将淳于棼革职查办，赶出朝廷遣送回家。想到 20 余年的付出毁于一旦，淳于棼心中不快气得大叫一声，惊醒过来，却发现自己躺在树下，但见月上枝头，繁星闪烁。才知道刚才只不过是做了一个美丽的梦而已。短短一夜之间，在梦里好像度过了一辈子。

第二天，淳于棼把梦境告诉众人，大家感到十分惊奇，一齐寻到大槐树下，果然掘出个很大的蚂蚁洞，旁有孔道通向旁枝，另有小蚁穴一个。梦中"南柯郡"、"槐安国"，其实原来如此！从梦中惊醒，此时他才知道，所谓南柯郡，不过是槐树最南边的一枝树干而已。从此之后，对科举富贵更加看淡了。

人事的更迭、商场的烟云、股市的变化，很可能会让人一夜之间一无所有。但有时候，一张小小的彩票也可能让一文不名的人在一夜之间身价倍增。天下之大，世事无常，一切都是很自然的，我们没有必要去分心太多。还是用平和的心态来面对这一切吧，只有这样，才能获得心灵的自由。

懂得知足常乐，就不会患得患失

富人与穷人的区别，在于金钱多少的差距，而不是快乐与烦恼的对比。很多人普遍关注物质财富的多少，拼命地追逐财富，追求物质财富带来的快乐。实际上，快乐程度的大小与物质财富的多少无法构成正比。影响幸福的因素中，金钱只占到了20%。快乐的源泉在于有意义的活动和丰富的人际关系等因素，而不能简单地用财富来衡量。

富有四海的皇帝，富裕程度是无人能及的，然而无法归到快乐的人群中去，这个职业成为历史上危险系数最高、寿命最短的群体，其中高处不胜寒的痛苦，别人是无法体验的，引车卖浆的凡夫俗子们的乐知天命，却构成了快乐的源泉。走在大街上，我们可能会羡慕别人的香车宝马，可谁又敢保证社会名流们不嫉妒我们朝九晚五的规律生活呢?

从前有一位国王，拥有数不清的金银珠宝，而且衣有绫罗绸缎，食则山珍海味；住有亭台楼阁，行则怒马如龙，后宫有佳丽三千，国有臣民千万。面对应有尽有的物质财富，他却终日愁眉不展，不知道快乐为何物，很难从他的脸上找到一丝笑意。大臣们为了让他开心，费尽了不少心思却很难奏效。有一天，国王听说大街上有一个衣不遮体的乞丐，虽然一无所有，脸上却总是挂满幸福的笑容，一副乐呵呵的样子。国王让大臣们把他找来，询问快乐的秘诀，两个人在宫殿里进行了一场对话。

国王问乞丐：“身为一无所有的乞丐，衣食都得不到保障，你为什么还能那么快乐？”

乞丐说：“尊敬的国王陛下，正是因为我的一无所有，每天能够得到一点东西都是上天对我的恩赐，比如当我得到一枚硬币，或者一个馒头，都能让我的生活改善一下，这正是我快乐的原因所在呀。”

乞丐问国王：“国王陛下，您有着巨额的财富和丰厚的生活条件，为什么却总是愁眉不展感受不到快乐呢？”

国王说：“正因为我什么都拥有，所以每当我得到臣子们供奉的珍贵物品，看到桌上的美味佳肴，都觉得是很平常，失去了兴奋与新奇，也就找不到快乐了。”

乞丐说：“我除了快乐之外，什么都没有。如果将快乐也丢掉的话，生活也就不会存在任何意义了，所以，我每天都有一个快乐的心情。”

国王说：“我什么都拥有，但是却没有快乐。每天都在烦恼与厌倦中度过，生活已经失去了意义。”

乞丐说：“那我们交换吧！”

国王说：“好。”

于是，乞丐当了国王，国王成了乞丐。

当了国王的乞丐发现自己什么都拥有了，几乎每天有新的宝物，顿顿都有佳肴，他感到非常的快乐。

当了乞丐的国王发现自己什么都没有了，难得几天才得一枚硬币，吃了上顿没下顿，他更加不快乐了。

当了乞丐的国王问当了国王的乞丐：“你现在还快乐吗？”

当了国王的乞丐说：“以前我什么都没有，现在我什么都拥有了，不用去考虑去哪里乞讨，下雨的时候也不用害怕找不到避雨的地方，衣服烂了更不用考虑会受冻。我怎么可能不快乐呢？”

当了国王的乞丐问当了乞丐的国王：“你现在还不快乐吗？”

当了乞丐的国王说：“以前我什么都拥有，现在我什么都没有了，几天吃不上一顿饱饭，下雨的时候找不到避雨的地方，天气冷了又找不到御寒的衣服，我怎么可能会快乐呢？”

财富永远无法控制我们的喜怒哀乐，归根结底，快乐是一种心情。穷人家里的笑声往往不比富人家里的少，富人也不可能没有忧愁与烦恼。富人获得权力金钱和名誉可能保持一时的快感，可这些拥有的背后是恐惧和不安。由于得之不易，富人们无时不在警惕着财富权力的丢弃和被瓜分。穷人的知足常乐，也就少了些欲壑难平和患得患失的心情。

抛开功名利禄的羁绊，便是人生好时节

“天下熙熙皆为利来，天下攘攘皆为利往。”江河中，船舶来往如织，所载之物，无非是名与利而已。自古以来，人们对名利都充满了无尽的渴求。在这个喧嚣浮躁的时代，又有多少人为了名利争得头破血流，终日地忙忙碌碌、心为刑役。追名逐利中，却不知老之将至，面对疲惫的身躯和满头华发，只能在夕阳残照中唏嘘不已，感慨着人生苦短，追悔着当初的选择，从而忽视了欣赏人生中的美好风景。

名利场上充满了尔虞我诈，很多人过度地追求名利，从而牺牲了大好光阴，吞噬了健康的心灵，不觉间变得面目可憎，灵魂早已堕落到了利欲

熏心的可耻境界。当我们回首往事的时候，有多少次潸然泪下。为了日后不在痛苦与悔恨中度过，在今日，我们就应该及时收手，去追求灵魂的自由和精神的健康。我们不愿意恶意地去诋毁对名利的追求，但在生活中应该有意识地去压制那份无穷的欲望，存一颗淡泊之心，给心灵留一片清净之地，从生活本身中寻找一份快乐。

陶渊明是中国东晋时期著名的文学家，他不仅开创了中国的山水田园诗风，而且他蔑视功名富贵，不肯趋炎附势的性格也同样很有名，为以后官场不得意又不想委屈心智的文人做出了一个榜样，他身上彰显出来的隐居文化在中国传统文化里占据了很重要的位置。

陶渊明生活的时代，社会动荡，世家大族横行不法，人民生活非常困苦。陶渊明出身寒微，虽有满腹才华却得不到当权者的重视。直到公元405年秋天，才被任命为离家乡不远的彭泽县令。这年冬天，他的上司派来一名官员来视察，这位官员的鄙俗和傲慢远近闻名，刚进彭泽县界，就让手下人去传唤县令前去参拜。

这位狐假虎威官员的颐指气使让陶渊明很是看不惯，但是由于自身的官小人微，只能忍着性子准备动身。不曾想县衙的属吏却拦住了他劝道："参见这位官员要十分注意小节，衣服要穿得整齐，态度要谦恭，不然的话，他会在上司面前说你的坏话。"

陶渊明一向正直清高，无法做到别人那样的卑躬屈膝，听到属吏的劝说，再也忍不住心中的愤怒，长叹一声说："我宁肯饿死，也不能因为五斗米的俸禄，向这样的势利小人折腰。"于是，决定不再去迎接那位官员。坐在案几上提笔洋洋洒洒写了一封辞呈。之后挂冠而去，离开了只当了80多天的县令职位，从此再也没有出来做过官，一直隐居在南山之中。

从官场退隐后的陶渊明，在自己的家乡开荒种田，过起了自给自足的田园生活。日子虽然过得清苦了一些，但却获得了心灵上的解放和自由。在田园生活中，他找到了自己的归宿，写下了许多优美的田园诗歌。他写农家人生活的悠然自得：“暧暧远人村，依依墟里烟”，他写自己劳动的感受：“采菊东篱下，悠然见南山”，他也写农人劳作的甘苦：“种豆南山下，草盛豆苗稀”、“不言春作苦，常恐负所怀”。在这些优美灵动的诗句当中，体现了一个世人超然的形象和人生价值。

官场中少了一位官僚，文坛上多了一位文学家。陶渊明“不为五斗米折腰”的故事，成为中国知识分子刚直不阿、不附势趋炎的写照。与他同一时代的势利小人，早已在历史的烟云中化为尘埃，最终被人们所忘记。

只有一颗超越了功名利禄的心，才能体验到人生的至高境界，拥有一个淡泊为大的心态，才能悠然地去品味人生中的美丽风光。身外之物的束缚，能使智慧灵动变得枯竭，在片刻的流光溢彩之后，是无法掩饰的苍凉与悲哀。

“春有百花秋有月，夏有凉风冬有雪。若无闲事挂心头，便是人间好时节。”抛却功名利禄这些世俗的羁绊，我们就能够去欣赏春暖花开，听飞鸟掠过天空的声音，品味一杯清茶的沁人心脾，内心会得到超前的释放。

幸福是心的警觉，跟金钱无关

追求物质利益是人的一种本能。金钱作为物质资源和支配权力的标志，很自然地受到众人狂热的追求。现在的人越来越重视金钱的追求和占有。追求金钱并不是可耻的行径，通过自己的辛勤劳动来致富是无可厚非的，如果不是对金钱的追求，中国也就不会有经济的飞跃和发展。

每个人都渴望得到幸福，幸福离不开物质条件为基础，有了钱，我们的生活条件可以得到改善，但是幸福更重要的是精神的愉悦和健康的追求。不能简单地把幸福和金钱画上等号。有时候，喝一杯清茶也会感到幸福，有时候，穿尽绫罗绸缎吃遍山珍海味也未必得到幸福。在一个家庭中，其乐融融、相濡以沫是家庭成员的共同追求，宁静祥和成为幸福的重要内容。这些幸福是金钱所买不来的。过分地追求金钱，会引来物质的膨胀和利益的角逐，充满了尔虞我诈、貌合神离和钩心斗角，对金钱的贪婪，追求到的可能不是幸福而是灾难，追求的过程也会充满血腥。

金钱在我们生活中是很重要的，但绝不是我们生活的最终目标，也不是生活的保护神和幸福唯一的源泉，在本质上，金钱只是一种工具，也仅此而已。在市场经济大潮的今天，我们不能为了让手中多几张彩纸而失去应有的幸福。除了金钱，还有亲情、爱情、友情、健康等需要我们来呵护。

一个5岁的孩子坐在门口等待着下班回来的父亲。父亲满脸疲惫地回到家里看到后，生气地问道："你在这里做什么？还不赶紧回去睡觉！"

"爸爸，你一个小时能挣多少钱？"孩子抬起头问道。

"这个和你有关系吗？"父亲对孩子的问题感到莫名其妙，生气地反问道。

"您先回答我这个问题，我再告诉您为什么好吗？"孩子的语气里带着恳求。

父亲不耐烦了："我一个小时可以挣10美元，你问这个干什么？"

"您可以借给我5美元吗？"低下了头，小声地对父亲说。

父亲的愤怒像山洪一样暴发了："你现在最好马上给我回房间待着去，好好反思一下你的自私。我每天都在拼命地工作，你却要把我的钱用来去买毫无意义的玩具或者别的东西。我现在很累，没有时间和你玩儿小孩子的游戏！”

孩子嗫嚅着，最终没有勇气向父亲解释为什么要借钱，回到房间小心地关上了房门。父亲坐在沙发上抽着香烟在生闷气。对于孩子要借钱的问题他感到很奇怪，因为儿子在以前是很听话的。过了一会儿，他开始平静了下来，心里想：可能儿子真的需要这5美元吧，自己不该对他发这么大的火。父亲打开孩子的门走进房间，轻声地问：“你睡了吗？”

孩子从床上爬起来说：“爸爸，我没睡。”

父亲从钱包里掏出5美元放在孩子的床头，说道：“这是你要的5美元。爸爸今天心情不好，不该对你发这么大的火。”

孩子高兴地站了起来，笑着说：“爸爸，谢谢您。”

接着孩子从枕头下面拿出一些发皱了的钞票。父亲看到孩子已经有了钱还要索要，忍不住又要发火了。孩子把钱整理好，慢慢地计算着，又抬头看着父亲，说：“爸爸，我现在有10美元了，我可以买您的一个小时的时间吗？明天请早一点儿回家，我希望和您还有妈妈在一起吃晚餐。”

父亲看着孩子清纯的眼睛，俯下身子，将儿子紧紧地抱起，久久地凝视着，眼角处流出愧疚而又幸福的泪花。

如今，越来越多的人把“金钱至上”作为信仰，把金钱的多少当成幸福与否的参照，一切向钱看成了他们的价值观念。这种狭隘的观念控制了大多数人的喜怒哀乐，让我们的日常生活遭受扭曲。金钱换不回缺失的幸福，人生的意义绝不能体现在这些货币符号上。真正的幸福在于心情的愉快，这种愉快是金钱无法达到的。

不要被名利蒙了双眼

鱼与熊掌是不可兼得的。外在的功名利禄和内在的道德文章之间往往会形成一种矛盾，不断追求卓越的我们在选择时可能陷入一阵迷茫之中，同时在选择的岔口边徘徊许久，难以掩饰心中的不安和犹豫。上天赐予了我们选择的权利，却又剥夺了兼有的权利，常会使我们感到哭笑不得。在地位与才华、权势与道德的斗争中，被现实冲昏了头脑的我们很可能会去选择权势与地位来满足自己的虚荣心，获得一时的志得意满。

得到权力和地位，就意味着得到对社会资源的掌控，能够改善生活条件，获得他人的恭维与奉承。然而，前呼后拥的赫赫权势、万人瞩目的社会地位毕竟属于身外之物，得之不易，失去却是很容易。古往今来有太多的人在宦海沉浮中翻身落马、身首异处，高官厚禄不保，还落得个臭名远扬。沉溺于功名利禄、繁华喧嚣的争夺，倒不如抽出身去，将上进之心用于道德才学的修养中。知识才是恒久的财富，哪怕世事变迁、人事更迭，我们的精神世界、道德修养、知识能力，是任何外力都无法剥夺的。那些经历过人生跌宕起伏的文豪们，给我们留下深刻印象的不是宦海中的经历，而是那些脍炙人口的文章。

曹丕和曹植是都是我国古代著名的文学家和诗人。但是人们对于曹丕的认识大多只停留在了他的篡汉自立和逼迫弟弟的七步诗上。很少人能够联想到他所做的《燕歌行》、《与吴质书》来，尽管曹丕的文采灿烂，但人们更喜欢曹植的作品。

曹丕称帝后，不能做到与兄弟们有福同享，反而对他们进行无情的摧残和打压。曹丕登基之后，借口曹植在父亲病重期间没有前来探望，派使者去临淄向曹植问罪。使者来到临淄发现曹植没有走出府邸跪地迎接，心中不快，大声地对他进行呵斥。桀骜不驯的曹植难以接受使者的侮辱，就让手下人把使者抓起来，狠狠地打了一顿。

侍者狼狈逃回洛阳，来到曹丕面前添油加醋地对曹植进行诬陷。一直对弟弟耿耿于怀的曹丕听后怒不可遏，于是把曹植召进洛阳，决定要治曹植死罪。但是又找不到正大光明的理由，只能是用卑鄙的伎俩。他问曹植："人们都说你曹子建才高八斗，能出口成章。依我看不过是徒有虚名罢了。为了看看你是否真有真才实学，你就以兄弟为题，在七步之内作诗一首，如果作不出来，就杀掉你。你可不要怪我不讲兄弟的情分了。"曹植知道哥哥是在故意为难自己，但是又无可奈何，只好从命。顷刻间，一首流传千古的《七步诗》从他的口中吟出来："煮豆持作羹，漉菽以为汁。萁在釜下燃，豆在釜中泣。本是同根生，相煎何太急！"诗成之后，众人听了无不动容。曹丕听了，也深有愧色。这时候，他们的母亲从大殿后面跑出来，哭着对曹丕说："你已经害死了我的任城王，难道连我的临淄王也不想放过吗？"为了不激起众怒，曹丕只好把曹植给放了。

曹丕不是一个没有一点能力的人，他的综合实力比曹植强了许多，无论是政治还是文学上的成就，在历代帝王中也称得上凤毛麟角。但是，却因为对于权势过于看重，对骨肉兄弟进行残忍的迫害，种种卑鄙的行径为很多人所不齿。最终，曹丕赢得了权势，却失掉了人心。才华出众性情天真的曹植，虽然在政治上不如意，在权力的角逐中失败了，但是却赢得了历史。他的《七步诗》、《洛神赋》等诗歌几千年来，一直被人传诵着，受到了很多人的热爱和尊敬。

生活在这样一个色彩纷呈、乱花迷眼的社会中，我们不要被名利蒙上双眼，误入歧途。时刻保持着内心的淳朴，才能有快乐宁静的生活。面对权势和地位，用一种超然洒脱的态度来看待，保持着一颗旷达的心态，并静下心来默默地泡一杯茶，读上几卷书，这是多么的惬意。

不急功近利，自然平安祥和

在商品社会，金钱是我们丰衣足食的保证、实现幸福美满的有效途径，生活，离开金钱之后便寸步难行了。或许是商品经济大潮，无形地改变了很多人的思想，颠覆了传统的价值观念，很多人成了拜金主义者、享乐主义者，逐渐地，在无形之中，我们中的不少人成为金钱的奴隶。在欲望的支配下，为了金钱，我们是削尖了脑袋，无所不用其极地去追求。因此，常常有人痛恨自己本事不济，无法挣得金山银山，有的人在成为亿万富翁之后看着镜中的满头华发，哀叹着韶华易逝、青春不再。因此，过度地追求金钱，就可能会误入歧途，让我们感到空前的疲惫与无奈。其实，金钱的本质，只是满足基本生活的一个工具而已，却不是我们此生中所要追寻的最重要的东西。我们的精力和生命，不能在这徒劳的追逐中透支和伤害。没有人能够花下辈子的钱，我们，还是该收手时就收手吧。

有一位珠宝商带着全家人一起乘轮船外出旅行。可是没有想到，在登上船的那一瞬间，灾难正一点一点地向他们靠近。原来，与他们乘坐在一条船上的还有几个海盗，当他们得知这位富翁带着两箱珠宝的时候，便打算杀人越货，把珠宝据为己有。

儿子在无意中听到了海盗们的谈话，心中一阵恐慌，赶紧跑回来告诉父亲。一家几口人听到这个消息之后，都是愁眉不展、惶恐不安，不知道该怎么做才好，他们压低了嗓门商量着如何躲过这一劫。

儿子说:“把珠宝取出来，每个人身上携带一点的话，海盗找不着珠宝，估计就不会杀害我们了。”富商摇头否决了这个建议。他说:“如果海盗从我们的身上搜出珠宝的话，那样我们就会死得更快。”

女儿说:“干脆送给他们一部分珠宝吧，这样的话，海盗们觉得我们已经把珠宝上交了，或许就会大发慈悲，饶了我们全家的性命。”珠宝商考虑了一会儿觉得还是不行:“人的贪婪都是无限的，我们将珠宝奉上的话，海盗们还会继续搜身，等把珠宝全部抢劫到手之后，为了掩饰自己的罪过，他们还是会杀人灭口的。”

最后，富商和妻子讨论了半天，想出了一个天衣无缝的主意。尽管要做出巨大的牺牲，全家人有些舍不得，但珠宝商告诉他们“没有人能花下辈子的钱，最重要的还是生命”。

第二天的早晨，珠宝商和儿子的吵闹声惊动了整个船舱里的人，人们跑向甲板看父子的口水战。儿子大声地嚷嚷:“你这个不开窍的老爷子，以后我再也不听你的任意摆布了，我要过独立自由的生活。”说罢就要回舱收拾自己的行李，还要拿走那一箱珠宝。珠宝商在后面边追边骂:“你这个不争气的东西，不仅不听老子的话，还要掠走我千辛万苦挣来的家产！”赶上儿子后，按住他的手，不让他拿走那一箱子珠宝。

儿子奋力地推开父亲，气呼呼地说:“你这个守财奴，连一分钱也别想得到了，既然我得不到，就把它毁灭掉！”说罢不顾父亲的阻拦、母亲的劝说，唰地一下子就把那两箱子珠宝扔进了大海里。海盗们看到之后，十分懊悔没有早下手，这些价值连城的东西都被一个浪荡的家伙扔进了海里，眼下也只好放弃先前的阴谋了。

富人有富人的烦恼，穷人也有穷人的快乐。在生活中，如果我们能够以平淡的心态去看待金钱的得失，面对外界的各种变化能够做到心如止水，不那么急功近利，活得轻松自由一些，那么，即便我们的物质生活或许会匮乏一些，但是却有着难得的平安和祥和。

利欲熏心，当悬崖勒马

现实中，有不少潦倒的人因为贫困而沦落到“举家食粥酒常赊”的地步，也有不少人“食饱心自若，酒酣气益振”，过着骄奢淫逸的生活。物质生活的贫富对人的心情产生着一定的影响，不食人间烟火的理想是遥远而又缥缈的，绝对不能成为我们的追求。追求应得的物质利益，是上进心的表现。人活着，谁也不想默默无闻地走完几十年的历程，我们的文化里也强调着雁过留声、人过留名。求名并非坏事，有了名誉感的人就会有进取的动力，属于正常的心理。

“人心不足蛇吞象”是一个古老的谚语，在名利面前有着太多禁不住诱惑的人。他们忘记了追求的根本，在错误的道路上屡屡跌倒，最后弄得身败名裂，得不偿失。孔子有言：“不义而富且贵，于我如浮云。”在名利面前，要拥有自持的精神，若以不正当的手段去谋求富贵，他的人生就误入歧途，精神世界也变得黑暗而又扭曲。“不戚戚于贫贱，不汲汲于富贵。”我们应该明白一分耕耘一分收获的道理，不要异想天开希望得到意外的惊喜，更不要去损害别人的利益来使自己的欲望得到满足。利欲熏心，只能害人害己。在利与义的选择中，祖先告诉我们说，要舍利取义，这种散发着人性光芒的思想是我们这个民族的核心道德观念。利欲熏心、背信弃义，一直是我们要抵制的。

北宋的时候，一个叫陈策的人，买了一头骡子，而这头骡子却不能加鞍使用。陈策不忍心把它转卖给别人，于是让人在野外的草房里养着，等着它自己死掉。陈策的儿子却想用这头骡子来赚钱，他与狡猾的经纪人商量，趁着一个过路的人死了马，就磨破了骡子脊背，来证明这骡子能驮东西，之后把它卖给过路人。当骡子卖出去之后，陈策才得到这个消息。他亲自去追上了那个过路人，把骡子不能加鞍使用的事告诉他，那个过路人却怀疑陈策舍不得卖这个骡子，就把骡子关起来，不让陈策看见。陈策请求用鞍子试一试，骡子的脊骨高高的，一整天都不能加上鞍子，过路人见到之后还回了骡子，向陈策深深地鞠了一躬。

有一个人到陈策这里来买罗绮，陈策却不愿意把罗绮卖给他。那个人感到很纳闷，就问："先前还看见你的库房里有罗绮，现在为什么不舍得卖呢？"陈策说："很长时间以前，有一个人用罗绮作抵押借我的钱，后来钱没有还上就死了。罗绮放的时间太久了，丝力已经变得脆碎不耐用。听说您买罗绮是来当女儿的嫁妆的，如果买了这种东西岂不是增加烦恼吗？"

有的人为求虚名不择手段，于是邪念膨胀，结果落得身败名裂、遗臭万年，卑鄙行径大白于天下后，令人发指，不仅无所获，原来所有的名声也遭到了众人的怀疑，真的是得不偿失了。

唐朝诗人刘希夷，擅长宫体诗，词风柔婉华丽，颇受世人喜爱。他的舅舅是鼎鼎有名的诗人宋之问。有一次，刘希夷写了一首《代悲白头翁》的诗，前去找舅舅请教。当宋之问看到"古人无复洛阳东，今人还对落花风。年年岁岁花相似，岁岁年年人不同"时，不禁鼓掌叫好。听说这首诗别人还没有看，宋之问便想将其中的两句占为己有，而刘希夷却不答应，他说：“‘年年岁岁花相似，岁岁年年人不同’两句是这首诗的诗眼，如果去掉了就会失去意蕴，请恕我不能答应您的要求”。

宋之问心下不快，晚上躺在床上辗转反侧，久久不能入眠，一直在思考该如何把这两句诗占为己有，让这天下绝唱成为自己的东西。最后起了杀人灭口之心，派人将自己的外甥刘希夷活活用土袋子压死。后来，宋之问因为犯了众怒，被唐中宗流放到钦州，唐玄宗即位后又赐他自尽。消息传来，人们拍手称快，感谢苍天除掉了一个禽兽不如的人。

一个人的力量总是有限的，当凌云壮志和非分之想相互碰撞时，我们应该应该保持理智，做到量力而行，万万不可走到利欲熏心的悬崖边上，否则的话，一失足成千古恨，所有的恶果，都要自己来承担。

你的拥有，是你最大的财富

财富和幸福的定义是一个多元的概念，但是，在这个浮躁的时代中，我们很多人却没有静下心来去思考过这个问题，终日的忙碌，追求的财富只是一些物质上的满足，把流行的财富标准当成自己的目标，从而陷入了盲目追求的状态。如今流行的财富标准是“五子登科”，于是，很多人就开始了房子、车子、位子、妻子、儿子的追求，给身体增加了太大的压力，本来轻松的生活变成了沉重不堪的负担。流行是一种软暴力，在这个软暴力的统治之下，每个忙忙碌碌的躯体都将变得十分压抑和疲惫。

追求幸福是每一个人必须拥有的追求，但是，如果按照别人的曲调来进行演奏，那么汲汲追求的就是一个虚无缥缈的概念，不能倾听内心中真正的需求所发出的声音。其实，真正的财富并不是使人眼热的别墅、钞票、香车、美人，而是我们眼下所拥有的东西，比如健康、生命、青春、爱情等。古人常说知足常乐，知足的前提绝不是尚未得到的，而是眼下拥有的。我们在物质生活上能够做到不奢求、不贪婪，就会在生活中多一分宁静、少一分牢骚，对生活也会抱有信心，人生的画面上就会涂满放达、乐观和宽阔的色彩。

在一个村子里，住着一对清贫却不失恩爱的老夫妇。有一天，老头牵着家中唯一值钱的马去了集市上，想去换点有用的生活用品。在集市上，老头先是用马换取了一头母牛，又用母牛换了一只羊，再后来又用羊换来了一只大肥鹅，随后又用肥鹅换了一只老母鸡，最后却用老母鸡和别人的一袋子烂苹果作了交换。

有两个城里人看到这一幕感到十分惊讶，认为老头简直就是疯了。老头告诉他们说，在他每一次换东西的时候，心里面都在想着要给老婆一个惊喜。两个城里人听到之后，不由自主地哈哈大笑起来，认为这个老头傻得有点可爱。他们说：“像你这以大换小的交换方法我们还是第一次看见，回到家里别说你老婆不会高兴了，说不准非挨一顿揍不可。”老头笑眯眯地说不可能，自己的老婆自己还是比较了解的。城里人说：“如果你的老婆从始至终都比较高兴的话，我们就给你一袋子金币，如果稍微有点不高兴的话，你给我们一个金币，怎么样？”老头答应了，之后就领着两个城里人回了家。

回到家里，老头告诉了老太太换东西的经过，老太太一直笑眯眯地听着。每讲完一次交换经历，老太太都像发现新大陆一样兴奋，嘴里还不时地说着：“哦，我们有牛奶喝了”“羊奶更有营养”“鹅毛多么好看呀”“我们以后就不用去集市上买鸡蛋了”，口吻中充满了对老头的肯定和欣赏。

最后，老头告诉老太太，换回来的是一袋子烂苹果，老太太照样是乐呵呵的，一点也没有恼怒的意思，说：“今天晚上我就可以给咱们做苹果馅饼吃了！”

两个城里人看到之后傻了眼，不明白老太太为什么对这得不偿失的交换也会感到满意，但是又不得不履行诺言，输给了他们两个人一袋子金币。

世界上有太多的人在无穷的欲望中浪费了青春、失去了生命、败坏了心情。理学家朱熹曾经说过：“凡名利之地，退一步便安稳，向前一步便危险。”诸葛亮也说过“非淡泊无以明志，非宁静无以致远”，这些话都是告诉我们不要孜孜以求地追寻一些遥不可及的东西，要怀着一颗超然淡泊的心来看待这光怪陆离的世界。

其实很多的追求并不是我们所需要的，我们需要的只不过是别人羡慕的目光、内心的评价。因为当我们看到别人扬扬得意的时候，心理上也有着难以名状的失落。在这个时候，我们不应忘记一个比较浅显的道理：满足自己的需求远比满足别人的眼光重要。人生最大的成功是认识并超越自己，而人生中最大的财富，是眼下拥有的一切。

第十一章

控制好自己的情绪，以免画地为牢

愤怒的人，总是在丧失理智中打败自己

职场和交往中，我们难免会碰到一些不愉快的事情，比如一个侮辱的眼神、一句讥讽的言语、一个无礼的举止都会让我们的心中有些情绪，当这种的情绪积累到一定程度的时候，心绪就会失去控制，轻者咆哮发怒、乱扔东西，重者就会丧失理智，做出过激的事情来。从来不发脾气的人是没有的，即便是有的话，也必将遭到众人的嘲笑，因为这样的人毫无骨气可言。但是，一个经常发怒的人，通常是不会让人喜欢的，情绪不能控制源于一种自制能力的低下，人格修养的缺失，从而让人敬而远之。

当别人无端甚至恶毒地攻击伤害你的时候，你可以维护你的尊严，捍卫你的原则底线。但是，面对别人有意的挑衅、别有用心的撩拨，这个时候，你千万不要跳进他们为你准备好的圈套之中，或许，你的暴跳如雷，正是他们所需要的结果。

愤怒的人，往往在丧失理智中打败了自己。

林则徐年轻的时候性格比较暴躁，稍有不顺心的事情就暴跳如雷，很多人见了他的面都要躲着走。他的父亲多次劝导他要心平气和、宽一分心胸，但是效果并不明显，林则徐依然是我行我素。

后来林则徐考上了进士，被皇帝派往外地做官。在他满心欢喜地打点行装准备上任的时候，他的父亲给他讲了一个故事。

从前有一个县官，对待父母非常孝顺，在他管辖的范围内，贯彻以孝

治县的政策，凡是有不孝、忤逆的人，一经发现，就会重判。一天，有两个人捆了一个嘴里塞着东西的年轻人来见他，说这个年轻人是个不孝之子，不但不赡养老人，还破口大骂他的母亲，因此用东西把他的嘴堵上了，请大老爷严惩。县令一听，下令衙役把这个年轻人按在地上重打50大板，50大板下来，那个年轻人的屁股被打得皮开肉绽、血肉模糊，让人惨不忍睹。正在这个时候，有个老婆婆拄着拐杖进来，边哭边诉道："求青天大老爷做主，刚才有两个强盗来抢我家的牛，我儿子一个人打不过两双手，被强盗绑了去，不知弄到哪儿去了，请求老爷赶快替我找我儿子，我就只有这么一个孝顺的儿子呀！"县官这才明白，原来打的就是个孝子。后悔得肠子都青了。

林则徐听完之后默默不语，向父亲深深地鞠了一躬，就踏上了赴任的路。他明白父亲对他讲这个故事的意思，把父亲的劝告牢牢地记在心里。在以后为官的几十年中，他都一直克制着自己的冲动，不再动辄大发雷霆。并且在屋里挂了制怒的横幅，来时时刻刻提醒着自己。

1840年，英国政府借口林则徐虎门销烟，发动了鸦片战争。在军机大臣穆彰阿的挑唆下，道光皇帝一口气把责任都推到了林则徐身上，下令将林则徐撤职查办，发配充军到伊犁。

林夫人听到这个消息之后又气又恼，开始大哭起来，而林则徐却表现得十分平静，劝慰夫人不要难过，如果发怒的话，就正中了穆彰阿那帮小人的奸计。他说："性子急躁，遇事不顺，就会很容易发怒；发怒多了，肝火就旺，肝火旺了，不仅坏事，还伤身体，大部分的老年人中风都是因为脾气太大，我们都是年过六十的老人了，可千万不要因为一时的想不开而落个中风或者老年痴呆的下场。"林夫人听了，才停止了哭泣。

愤怒是人的情绪当中最不安分、最可怕的因素，愤怒之火勃然而发的时候，不仅会让人的情绪上出现闷闷不乐、抑郁寡欢，还往往会引发一些高血压、胃溃疡、失眠盗汗等身体上的病状，百害而无一利。俗话说“气大伤身”正是这个道理。因此，在生活中，我们一定要学会控制自己的情绪，不能因为一些不足挂齿的事情而大动肝火，伤神害体。

冷处理：一种真明智，大智慧

生活中，引起发怒的事情很多，比如物价连续上涨、房价居高不下、孩子顽劣淘气、别人的毫无礼貌，等等，都会让人怒不可遏，如火山喷发。太多的不顺心让我们郁郁寡欢、疲惫不堪，面对这些让我们讨厌的事情和讨厌的心情，我们需要做的是把这些东西晾在一边，不要在失去控制的心情下去回应。

有个男孩的脾气很坏，他父亲送给他一袋钉子，告诉他，想发脾气的时候，就在一块木板上钉一根。第一天，男孩钉了45根钉子，后来每天的钉子慢慢减少，这个孩子也慢慢学会了控制自己的脾气。他把自己的变化告诉了父亲。

父亲告诉他说：“从今天开始，如果你哪一天没有生气，就从这块木板上拔掉一根钉子。”过了一段时间，钉子全被拔光了。父亲拿着木板让他看，告诉他：“你做得很好，但是你看看这些木板上的钉子洞，这些洞再也无法恢复了。这就像你和别人吵架一样，说完伤人的话，就会在他的心中留下一个伤口，好比这钉子洞，很难去修复的。插一把刀子在别人的身上，无论如何后悔，如何去向别人道歉，对别人的伤害都是巨大的，很难愈合。

因此，记住，哪怕生气时火气再大，千万不要盲目地去和别人争吵、无休止的争执，这会让你失去朋友和理解的。”男孩听了父亲的话，深深地点了点头，从此之后，再也不像以前那样大发脾气了，对待矛盾和冲突，都能选择理智的态度去解决。逐渐地，他的朋友们也慢慢地喜欢上了他。

生活的本身，就是由不同的选择组合而成，而我们的情绪也是在一个个的选择中组成的。既然如此，我们就应该选择好的心情收获成长和成功，抛弃坏的心情，远离低沉和消极。容易发怒的人，往往是心浮气躁没有自信的表现，脾气发得多了，伤害最多的只有自己。面对一切的不如意，选择忍耐，选择冷静，属于一种真明智、大智慧。

表面上盛气凌人、不可一世的人，内心深处必定是软弱空虚的，表面的虚张声势，只是为了掩饰他们内心的自卑。真正有着自信的人，不会沦落到这种境地。当一个人被别人指指点点的时候，也正说明了他的内心被别人所征服。因此，我们没有必要去和他们计较孰对孰错。一个甘于忍让、甘于吃亏的人，并不是懦弱无能的表现，而是站在了精神的制高点上。他们不为小小的不平而盲动，所表现出来的忍让，正是心存高远、目光锐利、意志坚强的体现。

不妨“闭”上自己的耳朵

生活中经常会遇到别人善意或恶意的嘲笑，当一个人被嘲笑的苦恼包围着的时候，就会感到痛苦不堪。其实，人生没有十全十美，一个人的性格和选择也不可能让所有的人都满意，当你兢兢业业地对待工作时，有人会嘲笑你死板教条，当你在交际场中如鱼得水时，有人会嘲笑你口蜜腹剑，当你在为公司做出自我牺牲时，有人会嘲笑你是傻子，如此的误解和侮辱，不一而足。假如你在他们的嘲笑中变得失去了方向，磨没了棱角，失去了锐气，泯灭了激情，那么你很可能就会在碌碌无为中了却残生。因此，在别人的嘲笑面前，你不妨闭上自己的耳朵，让流言蜚语随着时间的检验不攻自破，完全没有必要被别人的口水污染了自己的情绪。

真正的智者，面对别人的嘲笑声，能够做到泰然自若，不以别人的判断为是非，不为别人的口水而动摇，以超乎常人的执着和毅力，去完成心中的目标，让理想的土壤开满丰硕的果实。嘲讽和讥笑，在他们的不在乎中，成为成功者的赞歌。

有位秀才在进省城赶考的途中，住进了一家店里。这天晚上，他做了三个奇怪的梦。第一个梦是梦见了自己在墙上种白菜。第二个梦则是下雨天里，他的手中打着一把伞，头上还戴了一个大斗笠。第三个梦是终于能够和自己心爱的表妹睡在了一张床上，但是背靠着背。

天亮之后秀才百思不得其解，无法了解其中的征兆，就赶紧去找算命先生来解梦。算命先生听他讲完，拍着大腿说："你这个梦可是不祥之兆啊，你还是回家吧。你想啊，在高墙上种白菜不是白费劲吗？下雨天打伞还戴斗笠不是多此一举吗？你和表妹都躺在一个床上了，但是却背靠着背，不是没戏吗？"

恐慌不已的秀才听完之后更是心灰意懒，准备打点行装往家里赶。店主看到之后，感到很不解，就问他："考试的时间就快到了，你还回家干什么呀？"秀才垂头丧气地把算命先生的话转述了一遍。老板听完就笑了："我以前也是算卦的，这个梦我也会解。我倒觉得，你这一科是势在必得的。你想想，墙上种菜不是高中吗？打伞戴斗笠不是说明有备无患吗？和你表妹背靠背躺在床上不是说明你翻身的机会就要到了吗？”

秀才一听，转悲为喜，觉得更有道理，于是就信心十足地参加了考试，最后，居然中了个第二名。

无论做什么事，都有受到别人打击和嘲笑的可能。但是，幻想着从嘲笑中逃走，或者不加分辨地按照别人的意见来办事，就充分暴露了一个人的懦弱和缺乏主见，他的生活必然是凌乱不堪和痛苦不堪的。

有父子两个人进城。父亲骑驴，儿子牵绳子。有几个过路的人看见了，就指指点点地说："这个当父亲的也太狠心了，自己骑驴子，却让儿子在地上走。"父亲面红耳赤地跳下来，让儿子骑驴，他步行。

走了没有多远，又有别的人开始指手画脚："这个当儿子的真是太不孝顺了，自己骑驴，却让年迈的老父亲在地上走，他的心肠可是真狠呀。"儿子惭愧地从驴身上跳下，让父亲骑上去，两个人一块骑着驴赶路。

走了没有多长时间，一个老太婆看见了，便跟在驴屁股后面骂："这爷俩可是真够心狠的，竟然一块骑那一头可怜的瘦驴。"父子二人听后又觉得很对，赶紧双双跳下来，步行赶路。这时候一个老头看见了，指着他们的鼻子说："你们两个傻不傻呀，放着驴子不骑，大热天的走着赶路。"父子二人顿时呆在地上不动了，不知道到底该如何对待他们和他们的驴子才能不受到别人的嘲笑。

我们追求为人处世的宽容，因为生气是拿别人的错误来惩罚自己。对别人尚且能够如此的大度，那么，对待我们自己更要包容一些，不要把别人的评价和指指点点当作自己的牢笼，而是选择闭上耳朵，还自己的心灵以安静。很多人都喜欢把"走自己的路，让别人说去吧"当作座右铭，是因为他们明白自己选择的重要所在。

阳光心态，从自卑走向自信

我们面对着日益激烈残酷的竞争，有着说不出的压抑和恐惧。当鼓起勇气小心翼翼地去奋斗时，却丢盔弃甲，狼狈不堪，从而躲在暗处去舔舐伤口，看着昨天的脚印悲伤和痛苦。当我们进行美其名曰疗伤实为躲避的时候，很多的机会却在我们的悲伤与痛苦中悄悄溜走。

在生活中，有着很多我们百思不得其解的现象，比如为什么有的人目不识丁却腰缠万贯，有的人才高八斗却一贫如洗，从而怨恨这个世界的不公平。其实，这只是一个表面的现象。每个人的收获背后，除了付出的差异之外，更重要的是心态的不同。俗话说："无知者无畏"，当一个人的知识修养达到一定的程度之后，就会感觉自己距离成功的位置越来越远，在下意识的心绪当中就会有着深深的苦恼和自我贬低的感觉。而那些有着良好心态的人，在生活中能够积极地心态来面对挑战和困难，很少去考虑负面的影响，成功往往就会垂青于这些拥有良好心态的人，也往往会忽视了有着高深的知识修养却畏首畏尾的人。对于自卑的人来说，当务之急不是进行知识的充电、技能的提升，而是自信心的确立。当我们树立了自信之后，自卑就会很快地从心理的暗角中悄悄溜走。

有人说："天下无人不自卑。"这句话自然有着其道理所在。在通往成功的道路上，每个人都有着或多或少、或大或小的畏惧心理。然而，成功的人往往会把自卑转化为前进的动力，以一种昂扬的斗志去面对困境和磨难，而有些人之所以不能取得成功，是因为将自己的弱点无限地放大，一叶障目，不见泰山，放大的自卑心理遮盖住了本身特长的闪光点，更加觉得自己一无是处。面对这种心理上的顽疾，我们需要做的是尽快地摆脱它的阴影，在自卑的土壤中，种植一棵名叫自信的美丽花朵，让自己的生活变得更加美好幸福。

苏格拉底在老年的时候有一个做事尽职尽责的助手，深得他的喜爱。但是这位助手却缺乏应有的自信心，做事情的时候显得底气不足，苏格拉底很想点化这一位朴实的年轻人。一天他对这位助手说："年轻人，我的蜡烛所剩不多了，得找另一根蜡烛接着点下去，你明白我的意思吗？"助手回答说："先生，我明白，您是要把您灿烂的思想很好地传递下去，是吗？"苏格拉底微笑着说："我需要一个有着优秀资质的继承者，你帮我去寻找一个人来吧！"

尽职尽责的助手开始了不停地寻找，一旦发现觉得有合适的人，就会带回来让苏格拉底看，但是每一次苏格拉底都婉言拒绝了他找来的这些资质优秀的人。很长时间过去了，助手一直没有找到让苏格拉底满意的人，苏格拉底就在一边启示他："孩子，太辛苦你了，但是这些人当中真的没有资格能够作为我的继承者。"助手满脸通红，诚恳地对苏格拉底说："先生，很抱歉，不过请您放心，我一定会加倍努力寻找的。"

苏格拉底终于要一病不起了，助手看着躺在床上的哲学家，愧疚地说："对不起先生，我让您失望了。"苏格拉底闭上眼睛，满腹心酸地说："失望的人是我，而对不起的人却是你呀，我的孩子。其实，我最想让你来作为我的继承者，可是由于你的自卑，不敢相信自己，最终却把自己给丢失了。孩子，你要知道，这个世界上每个人的资质都是差不多的，最优秀的人才关键就是能够认识自己、尊重自己……"

对人的发展起着重要作用的东西有很多，而起着关键作用的却是自信的心理条件。一个缺乏自信的人，总是感觉自己的能力不如别人，才智不如别人，命运不如别人，在这种心态的支配下，哪怕是披星戴月地忙碌、废寝忘食地拼搏，都会很难拥有一个很好的结局。失去自信的人，做事情往往会有一种应付和听天由命的心态，而成功的人，却一直保持着超越自我战胜困难的心理。乔布斯说："不要丧失信心，这是这些年来让我继续走下去的唯一理由。"因此，我们应该早日从自卑的阴影中走出来，还自己一个阳光的心态，只有这样，才能够超越自己，找到幸福和成功。

控制自己的敏感情绪

每个人都有自己的缺点和不足，这是无法避免的事情，但是，我们中有不少人因为自己存在的缺点和不足而感到自卑，一次次拼命地去掩饰和躲避，从而让本来很正常的生活现象变成了心理中比较敏感的地带。"众口铄金，积毁销骨"很多人的脑海里都会闪现的一句话，他们害怕别人对自己的评价不高，害怕自己成为别人嘲笑的对象。其实，这个世界上，大多数人都是不在意你的，太多的敏感只能是你自找其扰，烦恼自卑的心理是因为你戴着有色眼镜看世界的原因。

敏感情绪的表现之一是极度的不自信，并走进自卑的心理误区。一个人自卑的特点是感觉己不如人，低人一等，轻视、怀疑自己的力量和能力，而这正是成大事者最蔑视的！

敏感情绪的表现之二是为自己的失败寻找借口。极度的不自信和脆弱的自尊心让一个人对自己的失败寻找着开脱的理由，长此以往，不仅于事无补，心灵上反而会走进一个更加闭塞的领域。寻找借口、解释失败是人类的一个通病，有了人类历史的那一天起，也就有了各式各样在敏感情绪支配下的借口。

20世纪80年代中期，他从一个仅有20多万人口的北方小城市考进了北京广播学院。上学的第一天，与他邻桌的女生问他："你是从哪里来的？"极平常的一句话和一个问题，却成了他当时最大的忌讳。在他的意识里，出生于一个小城市，就代表了土气和小家子气，没有见过什么大的世面，在那些来自大城市的同学面前肯定会抬不起头来。

这个女同学普普通通的一句话，却让他在一个学期之内像沉默的羔羊一样，见到班里的女生总是躲躲闪闪，连一个招呼也不敢去打。在第一个学期结束的时候，同班的女生中，能记起他的名字的人寥寥无几。

20年前，她也在北京的一所大学里上学。

由于自己的身体有些肥胖，大部分的时间里，她都在疑心和自卑中度过。过于敏感的她会疑心同学们在暗地里嘲笑她，评论她难看的身材。

她从来不敢穿裙子，更不敢上体育课。临近毕业的时候，她的学分还没有修够，不是因为学习不努力，而是因为她害怕参加体育长跑测试。老师说："只要你参加长跑，不管多慢，我都给你及格。"可她还是没有勇气跑。她害怕自己的身体一旦跑起来一定会显得比较愚笨，同学们肯定会在旁边讥笑她。她想跟老师解释原因，但是生性的自卑却让她不知道该如何开口。她只能傻乎乎地跟在老师的后面，没有解释的勇气，茫然不知所措。老师回家做饭的时候，她还在傻乎乎地在后面跟着，老师感到很无奈，勉强给了这个小姑娘一个及格的分数。

后来，两个人都进入了中央电视台工作，在一个电视晚会上，她对他说："假如我们在一起上学的话，可能永远不会说话。你会认为，人家是北京的姑娘，怎么会看得上我呢？而我却会想：人家那么一个大帅哥，又怎么会瞧得起我呢？”

天下无人不敏感，而成功的人之所以成功，是因为他们能够把敏感转化为前进的动力，不断地鼓励着自己前进。身材弱小的拿破仑当上了法兰西第一帝国的皇帝，下身瘫痪的富兰克林•罗斯福当上了美国的总统，在人类的历史上写下了辉煌的篇章，是因为他们对待敏感地带从来没有敏感过。

敏感情绪可能会时刻都在伴随着我们，我们无法做到情绪上的波澜不惊，但是，我们可以运用自己的聪明才智，把敏感疏引到一个正确的渠道加以控制，这样的话，就不会让敏感如同泛滥的江河一样淹没我们的心灵，造成无法弥补的后果，也就不会有任何惨痛的事情发生。

从失败的阴影中走出，让阳光照进生命

当一个人在前进的道路上遇到重创之后，会因为无法找到生活的正确切入点，难以摆正自己的位置而不安，随之而来的就是心情低落、充满失望和焦虑，甚至会失去对生活的希望和乐趣。接下来，就丧失了斗志，抱着做一天和尚撞一天钟的态度，有时候甚至连钟也懒得去撞了。或许，我们的心里会抱怨上天的不公平，感慨身心被领入了歧途。当你以一个受害者的身份出现时，所有的悲痛和感伤，都无法让自己得到摆脱，能够解救你自己的，也只有你本身。

当进取心受到创伤之后，心灵上很可能就会被扭曲，希望破灭时，恨

不得剪去头上的青丝，遁入空门。日复一日地拷贝昨天无聊的工作，无法寻找发挥特长的舞台，心中梦想的生活永远成为遥不可及的梦想，这些给我们带来的是痛彻心扉的苦恼，甚至绝望，种种的不顺心折磨着你的心灵、考验着你的意志力，假如自甘堕落，失去一个平和的心态，那么，你将永远贴上失败者的标签，永远扮演着一个失败者的角色。

孔子说："人无远虑，必有近忧"，当我们在啼哭中来到这个世界上的时候，就注定了此生要经历一些大大小小的磨难。话说回来，我们的人生价值，也正是在一次次的战胜困难中得以完成的。因此，面对失败，我们没有任何躲避和抱怨的理由，唯一能做的，就是擦干眼角的泪水，以更加高扬的斗志，重新融入生活当中去。当我们以正确的心态来看待这些失败和困难的时候，往往就会发现，失败，经常是一种错觉。

一个年轻人遇到了前所未有的挫折，陷入了无边的苦海当中。当他在一个陌生的城市里漂泊，每天为房租和三餐忙得焦头烂额的时候，相恋多年的女友离开了他，心情的低落导致工作上的屡屡出错，最后被老板炒了鱿鱼。心灵上受到伤害的年轻人几乎要以泪洗面了，一遍遍地自言自语，说着祸不单行之类的话。

面对这些从未经受过的灾难，年轻人的心理开始崩溃了。早晨起来，眼睛盯着天花板发呆，想着如何打发这即将到来的悲惨一日。在极度失落、苦苦挣扎之后，他就想转移一下注意力，尝试一些新东西，来给自己的生活增加一种情趣。

这天，年轻人走进一个游泳馆里，在没有朋友、没有教练的情况下，不会游泳的他一头扎进了游泳池里，动作里带着自虐和自残。在他的头整个进入水里的时候，水在耳边响动，他觉得有一种雷鸣的声音。在潜意识的支配下，年轻人的身体本能地向上猛蹿了一下，水的推力促使着他的身子前行，一头撞在了护栏上，脑袋中产生了更强更大的轰鸣。

年轻人想，这一次生命可能就要终结了。在慌乱之中，他沉入了水底，结果一口气没有喘过来，一股水流涌进了他的鼻子和口中，使他感觉到更加眩晕。求生的本能使得他疯狂地接二连三沉入水中，他心中恨恨地想：我就不信在游泳上我也会是个失败者，会死在这一个小小的水池子里。

年轻人毫无章法地胡乱扑腾着，随后一只有力的大手拉住了他，倔强的他想要挣脱，但是筋疲力尽了，只好被那一只手使劲地拽到水池边。“孩子，你这样乱来是不行的，会有生命危险的。”他睁开眼，看见是一个大叔慈祥的脸，身在异地城市的他听见这一番亲切的话，眼泪几乎要流了下来，感觉到自己不再和以前一样那么孤单。大叔告诉他落水的时候要心静，屏住呼吸，放平手脚，依靠水的浮力就可以把自己托起来。徒劳的挣扎是没有用的，反而会适得其反。

这个年轻人的情绪终于平静下来了，经过反复的尝试，他终于能够在水中游刃有余了。后来，他把对游泳的态度带到了生活和工作中去，生活也慢慢地有了起色，他的心情也不像当初那样沮丧了。

在生活中，如果一个人把自己囚禁在失败的牢笼中，即使别人想把你拯救出来也是徒劳。因为，一切都要依靠自己。在生活的逆境当中，我们需要的是保持一个平和的心态，从失败的阴影中走出，那么希望和成功的阳光就一定会照进生命的角落。

不因一时失利而失去信心

李白有诗说：“天生我材必有用”，千百年来，这句话激励着一代又一代的人为实现自己的梦想而奋斗不息。世界的不断进步也是在我们一代代接力传递的自信中变得更加美好。在人类历史的天空中，“有志者事竟成”、“人定胜天”等话语响彻云霄，显示了人类那种伟大的自信和改变环境的决心。这些精神的营养精华，是我们应该吸取的。

我们见惯了碌碌无为和志得意满的对比，也不甘心让自己成为一个一事无成的人；这种改变现状的心态是好的。但有些时候，现实总是不尽如人意的，一次次的奋斗，换回的却是一次次的失败。很多人在失败面前停住了脚步，认为一切的努力都是徒劳，感伤自己一无是处，在懊丧的心绪中意志消沉。其实，失败也好，挫折也罢，统统不过是纸老虎而已，在这貌似强大的困难面前，我们需要做的是保持镇静，相信自己能够重新站起来，不能因为一时的失利而失去了自信心。

没有自信的人往往会消极、迷茫，不知何去何从，遇到一些微不足道的困难就会愁眉不展，选择躲避。这种畏惧的心理，会造成心灵的创伤、机会的流逝，也违背了上帝造人的初衷，人的前进，靠的就是强烈的自信，如果失去了自信，一个人就如同无根的落叶在江河的波涛中漫无目的地漂浮。保持乐观的心态，积极地挑战困难，争取自己更大的突破，希望的曙光一定会在我们的等待中到来。

1960 年，哈佛大学教授罗森塔尔博士对外宣布，他制造出一种仪器，能够分辨出谁是最优秀的人，更能预测出将来谁能够出人头地。为了验证这一仪器，他决定在美国加州一所学校里进行实验。

他从学校里挑选出了几名教师和几十名优秀的学生，对他们说："在教师之中，你们是最优秀的，在学生当中，你们这些人同样是出类拔萃的，我相信，聪明的学生和优秀的教师组合成一个团队，一定能够产生不同凡响的教学效果出来。实验期为一年，我相信，一年之后，你们所在的团队，和其他班级相比较，一定是最完美最优秀的团队。"

一年之后，教授来到学校进行实验结果的验收。他发现，这个团队果然是学校中首屈一指的团队，罗森塔尔博士感到非常满意。他把这些教师集中起来，向他们问道："你们认为世界上真的有能够辨别优秀与否的仪器吗？"

教师们愣住了。罗森塔尔博士微笑着告诉了这个实验的秘密："我根本没有发明这么一个仪器出来，这里的学生都是我从花名册中随机抽出来的，其实和别人一样，都是比较普通的学生。而你们这些教师，事先我也不是很了解，只是随机抽出的几个人名而已。但是，当我告诉你们，这是一个完美的团队时，你们就在一年之内取得了这样好的成绩，这说明，你们的心态起到了关键的作用。"

教师们这才明白，博士所要做的实验并不是检验仪器的正确度如何，而是要观察自信心对于一个人所起到的作用有多大。

对于我们来说，人人都是芸芸众生的一分子，但是人人都可以是不平凡的。如果，你在心理上确信自己是最优秀的，在平常的工作中就会严格地要求自己，向优秀的人物看齐，正是因为在心理上肯定了自己，在行动上也就会充分地展示出自己的优点，做事情就达到了事半功倍的效果。

如果我们给自己的心灵拴上一把沉重的枷锁，那么就会让自己进入一个封闭的牢笼之中，经常不满意于自己的才能和出身，从而妄自菲薄，不思进取。我们应该明白英雄多出于草莽之中的道理，不要考虑自己的出身，只有成功的客观元素。做到喜欢自己、接受自己，调整好自己的心态，端正做事的态度，那么我们就能体会到成功的喜悦和实现人生价值的乐趣。

过于担忧，会让你画地为牢

西方人说："1 000 个人眼里有 1 000 个哈姆雷特。"对文学作品有着不同的认识，源于不同人的心里认识。其实，在我们的生活中又何尝不是如此呢？面对同样的环境和景色，不同心态的人存在着喜怒哀乐的认知差异。百花盛开的春天，有人会为了"花无百日红"而长吁短叹；夏日的凉风习习，有人总在为蚊虫肆虐而苦恼不堪；秋日里天高气爽，却有人为万物凋零而黯然神伤；银装素裹的冬季，也会有人为了三九冰寒而叫苦不迭。种种这些心情的低落，和外在的环境没有必然的联系，起决定性作用的，是一个人的心中的恐惧和忧虑。正是因为恐惧和忧虑，色彩斑斓的世界在他的眼里才会变得黯然无光。

因此，放下忧心的担子，世界就会变得云淡风轻、精致迷人。而对生活失去信心缺乏热情充满焦虑的人，则是无福享受这良辰美景的。心存担忧的人，属于自卑主义者，由于他们看到了世界的不完美才会感到不满和忧心。然而，博大精深、包罗万象的世界却独不能接受完美的存在，我们口中常说的完美并不是指具体某一个事物，而是完美的心灵和认识。因此，面对残缺的世界，我们没有任何的理由去忧虑和伤怀。生活中的磨难和挫折以及无法预测的前途，不过是生活的组成元素罢了，没有必要过多地去看重它们。凡事多向好处想，多向光亮处看，心胸自然就会变得宽广，生活也就会感到满足和快乐。

大慧禅师有一个弟子，叫道谦和尚。道谦和尚做事十分认真刻苦，但是在他苦苦参禅20年之后还是没有参悟透佛家所讲的道理，因此，他的心里很是着急。

有一次，奉禅师之命，道谦和尚下山办事，大概需要一年时间。道谦和尚感到很不乐意，他想：在这一年多的时间里做些世俗的小事，而我的经书还有很多没有参悟透，这岂不是白白浪费了我的时间吗？他的心里苦恼不堪，打点行装的时候也是闷闷不乐。

于是，道谦和尚向宗元和尚倾诉内心的苦恼，宗元和尚安慰他说："这样吧，由我来陪同你一起去，或许在路上对你的悟道还能有一些帮助。"道谦和尚听到之后感到万分高兴，两个人一起走下山去。

一路上，宗元和尚似乎把原先的承诺抛在了脑后，和道谦和尚说说笑笑，却不提参禅悟道的事。失望之余的道谦和尚便在一边提醒宗元和尚，让他来兑现承诺，帮助自己。宗元和尚听后，对他说："并不是我背叛承诺，而是悟道中的五件事我一件也帮不上忙啊。"

道谦和尚诧异地问："哪五件事呀？"

宗元和尚回答说："吃、喝、拉、撒、睡。"

道谦和尚听完之后，恍然大悟。原来，佛法并不是想象中的高深莫测，不是靠整天的思考和担忧才能顿悟，而是放下心中的杂念。当他明白这个道理之后，就告辞了宗元和尚，独自踏上了行程。一年之后，大慧禅师看到前来复命的道谦和尚，满意地说："你终于参悟到佛法的真谛了。"

担忧的人有着一个共同的特征，就是把本来十分简单的事情想得太复杂，在自我加压中，他们的心里就会处于一种不平衡的状态，心理上受到重大的影响之后，会造成神经过敏等症状，有时候还会严重伤害到自己的健康。其实，任何的担忧心理都是一种画地为牢的可悲与可笑，把自己囚禁于一个圈子之中，痛苦不堪言、坐立不安，无法跳出自我设置的陷阱。当你在顿悟中驱散心中的阴霾时，就会觉得自己的担心纯粹属于杞人忧天，生活原本就是极其轻松和快乐的。

“宽恕”是最好的解药

春秋时期，子贡向孔子问道：“老师，如果用一个字来作为终身信奉的原则，您觉得应该是什么字呢？”孔子想了想说：“那大概就是‘恕’吧。”几千年以来，宽恕，已经融入我们这个民族的血液中，成为中华民族始终奉行的一个处世原则。宽恕，无论对自己还是对别人来说，都是受伤之后一剂最好的解药。当别人给你带来伤害时，如果心中的烦恼和忌恨是蓬生的杂草，那么，宽恕就是最好的除草剂。遭到别人无礼的冲撞，受到别人无心的误解，遇到别人无意的伤害，选择宽恕，可以让自己的心灵得以净化，更能够保持朋友间的友谊不出现裂痕。宽恕，对于自己和别人来说，是走向双赢的智慧选择。

生活中难免会有些磕磕碰碰，如果因为这些小事而耿耿于怀，未免有点小题大做，结果也往往会得不偿失。豁达的心态，是成熟的标志，是修养和内涵的见证。面对纠纷，一个善意的微笑和一句幽默的话语，所起到的作用要比不停地争吵大得多，既能够化解人与人之间的矛盾和冲突，又能够填平感情上的沟壑，如此，何乐而不为呢？

俗话说：“将军额上能跑马，宰相肚里能撑船”，凡是能成就大业的人，都会有一个豁达的心胸，不会把精力过多地耽误在生活中的小事上。生活中不可能永远是春光灿烂的，也不可能一帆风顺，在交际场上，更不会如我们想象中的那样纵横捭阖、游刃有余。出现一些冲突是在所难免的，如果为了这些东西而抑郁、发怒，与人进行争辩，甚至想以牙还牙地报复，伤害到的不仅仅是他人，还包括自己。当我们用一个手指指着别人的时候，其他的三个手指却是指向自己的。当我们拿着黑色的煤块去投掷一件不满意的白衬衫，衣服上可能会出现些许的污点，但是，我们的手却已经变得污浊不堪了。

有一位女士踏上了开往费城的火车，径自走到一节车厢内，选择了一个靠窗的位置坐下。她扭过头去，想欣赏窗外的风景，不料，却闻到一股刺鼻的烟味。她扭过头来，发现一个男人叼着香烟，在悠闲地吞云吐雾。女士无法承受香烟的气味，她干咳一声，对那个男人的不礼貌表示抗议。对面的男人似乎是挑衅性地不予理睬，若无其事又显得变本加厉地大口吞吐。

女士实在是忍无可忍了，站起来生气地指责那个男人说：“先生，在女士附近抽烟是很不礼貌的事情，再者，车厢内是不允许抽烟的，难道你连这个基本的常识都不知道吗？如果你的烟瘾太大，请你抽烟室去。”男人听完，恍然大悟一般，抱歉地笑了一下，默默地将手中的香烟掐灭，并把烟蒂扔到了车窗外面。

这时候，有几个穿着制服的男人走进车厢，看到这位女士后，脸上露出惊讶之色，其中一个人走向前去对她说：“这位女士，很对不起，你走错车厢了，这是格兰特将军的私人车厢，请你马上离开。”

女人惊讶不已，而又羞愧难当。面对大名鼎鼎的格兰特将军，她的心里感到一阵阵的恐惧，结结巴巴地向将军道歉。但格兰特将军却没有丝毫恼怒的表情，他的脸上依然挂着淡淡的微笑，和蔼可亲地对下属说："没关系的，就让这位女士坐在这儿吧。"这位女士的脸色才慢慢地恢复了正常，从内心里对宽宏大量的格兰特将军充满了敬意。

当我们对别人的行为感到气愤的时候，如同面对眼前的石头而生气一样让人觉得有点不可理喻。我们没有办法去改变别人，只有通过自己的宽容来影响到别人，获得对方对你的尊重和敬意。有位名人说："如果你想赢得爱与尊重，就要用宽容的心对待别人。彼此之间是适应而不是改变。"对待生活中的点点滴滴，我们坚持宽容的原则。改变自己能够改变的，接受你所不能改变的，让宽容成为人际关系的润滑剂，驱散心中的阴霾，享受生活的快乐，体验相互理解中的温暖。

第十二章

寂寞不是懦弱的逃避，
而是修炼的机会

学会承载寂寞，让生命在等待中花开

在生活中，孤独是让我们感到恐惧的精神状态。在熙熙攘攘的人群之中，迎面而来的全是陌生的面孔、冷淡的眼神。拼命地追求想要的成功，却无法得到他人的理解和支持，等到有空闲的时候，却发现门前极为冷清，苦苦寻觅一个可以聊天的朋友，却根本找不着。对眼前的冷清充满了恐惧，寂寞的情绪油然而生，甚至会怀疑自己与人交际的失败、性格的缺失等，从而整个身心淹没在身单影只的痛苦之中。

的确，每个人都是害怕孤独的，远在陋室之中的刘禹锡渴望着“谈笑有鸿儒，往来无白丁”的风雅，朝堂之上的孔融寻求着“座上客常满，樽中酒不空”的得意。谁都盼望着门前车水马龙，游刃于迎来送往之中，然而生命的乐章之中，不可能没有寂寞的音符存在，寂寞也并不是一无是处。独守寂寞，可以在洗尽铅华之后从苦难中提炼人生，能够放下不切实际的奢望和追求，把生命中的跌宕起伏视为极平常的现象，从而塑造一个全新的灵魂。寂寞，并不代表痛苦，孤芳自赏、自得其乐也不是含有偏见色彩的贬义词，而是对个体价值的重新审视和提炼。悠然自得中的快乐才是人生中的真性情，不会掺杂强颜欢笑的虚假成分。

年轻的女孩似乎都是比较害怕孤独和寂寞的，对爱情和工作都有着惊人的敏感。对于张丽来说，更是如此。在校园里，她有过一场刻骨铭心、轰轰烈烈的爱情，后来随着毕业，爱情被宣判了死刑。没有了花前月下和卿卿我我的经历，处在寂寞之中的张丽感到非常不适应，没有了依靠的肩膀，没有了细心的呵护，她感觉自己就像一只断了线的风筝，在风中漫无目的地摇曳着，因此痛不欲生，心灵上受到巨大的折磨和伤害。

为了摆脱失恋的痛苦和解决眼前的生活，张丽找到了一份工作，想转移一下注意力。但是在公司里，她敏感的毛病却难以改掉。看到别人的工作业绩突出，自己的业绩平平，就觉得是上司在有意地孤立她，不肯给她一个表现的机会。看到别的同事在一起吃饭或者泡吧，她就会敏感地认为自己是一个不受欢迎的人，同事们是有意地疏远她。回到家中，她看到冷冰冰的房间，就会感到无限的痛苦。

朋友们看到越来越憔悴的张丽，纷纷劝慰她，告诉她不要太敏感，不要太勉强自己，既然不喜欢热闹的场面就不要太感伤了，一个人的时候正好可以有大把的时间来做自己感兴趣的事，没有必要去扎堆儿和别人凑那份不喜欢的热闹。在朋友的劝说下，张丽的心情逐渐地好了许多。

张丽学会了享受生活，每个阳光明媚的中午，她都会为自己沏一壶香茗，手捧一本书细细地品味，尽情地享受一个人的诗情画意。当别人把时间浪费在无聊的饭局和麻将上的时候，张丽却听着舒缓的音乐，在案桌上写字画画，从而拥有了一份闲适的心情和高深的修养，那份由内而外散发出的美丽让不少人眼红不已。

随着年龄的增长和阅历的增多，人们对社会的需求逐渐地从物质转向了精神。而对于精神的追求，更多的是注重于繁华落尽时的纯粹、淡定从容下的平和，这些富有的精神生活，往往需要一个安静的环境来承载，只有寂寞的时候，才能够慢慢地品味这种感受，孤独的时候，心情才会拥有最常有、最本质的情感。真正的愉悦，不是做给外人看的表情变化，而是内心深处的真实感受。鲁迅先生曾经说过：“当我沉默的时候，我觉得很充实，当我开口说话，我就会感到很空虚。”这句话也正是对大音稀声的一种注释，对寂寞朴实的赞美。

寂寞深处，往往是极致的美好

耸入云端的高山巅峰是寂寞的，因为别人无法达到它的高度，高远的蓝天是寂寞的，因为没有谁能比得上它的辽阔。弹奏阳春白雪的人是寂寞的，因为没有人能够听得懂这天籁之音。寂寞的深处，往往是极致的美好。同样，一个优秀的人也是寂寞的，因为别人永远达不到他的人生高度。

对于我们来说，寂寞并不可怕，寂寞的来临也正验证了我们的坚贞和方向。一个优秀的人，不会为别人的不理解和嘲笑而动摇，相反，却能从充实中得到满足。

贝多芬曾经说过：“当我最寂寞的时候，也就是我最不寂寞的时候。”这句话并不难理解，有着深厚的修养、高尚的情操的人，内心永远是充实的，寂寞的时候就表示没有人来干扰他平静的生活，可以心无旁骛地为了理想和目标前进。假如不甘寂寞，就必须迁就、改变，放弃高雅的音乐，去唱迎合人心的陈腔滥调，尽管孤独感消失了，但心灵却遭到打击。

李白说：“古来圣贤皆寂寞，”古往今来，凡事能够成就大事的人，都会经历人生的跌宕起伏，伴随着跌宕起伏的，必是寂寞的基调。为了不孤独，可以去迎合别人，智慧让自己的内心更加的扭曲。别人的欢笑，并不能代表你的真正需要，别人的一时兴起的掌声，也未必就是你应有的生活高度。

天宝十一年（公元753年），诗人张继来到京城长安参加科举考试，原以为才高八斗一定能够金榜题名光宗耀祖的，谁知，等到发榜的那一天，长长的黄榜上，从第一名到最后一名，却没有他的名字。名落孙山，也就意味着没有“春风得意马蹄疾，一日看尽长安花”的荣耀了。张继心灰意懒，只好打点行装沿着来时的路返回家乡。

船到了苏州，如果是衣锦还乡的身份，绝对会怀着勃勃的兴致来游览一番这座历史文化名城的。可惜，一个落第举子的身份，让张继失去了游山玩水的雅兴。望着滔滔的江水，这个年轻人的心里是无尽的哀愁和忧伤。一叶扁舟、一盏青灯，在漫漫黑夜中更加衬托了张继的孤独与寂寞。

坐在船头，任由寒风吹起青衫，凌乱的头发蒙住双眼。张继觉得自己就是江水中的一叶孤舟，没有方向，不知该停留在何处。尽管考试已经结束一段时间了，但他的心里依然久久不能平静。想起家中的爹娘，想起临行前的豪言壮语，他失眠了，那颗支离破碎的心依然被痛苦吞噬着。

月亮西斜，乌鸦悲啼，看着眼前惨淡的景色，张继感到了森然的寒意，感觉天气也在捉弄自己受到伤害的身躯。天上的星星也疲倦地打起了哈欠，天地之间只留下他在漫漫长夜之中无法入眠……

从水上传来了寒山寺的钟声，对于寒山寺来说十分正常的夜半钟声，却一声声地撞击在了张继的心里，泛起了阵阵心酸的苦涩。他更睡不着了，索性摸出纸笔，黑暗中写下了一首名叫《枫桥夜泊》的诗：“月落乌啼霜满天，江枫渔火对愁眠。姑苏城外寒山寺，夜半钟声到客船。”

1000多年后，天宝十一年的那场考试人们早就忘记了，跨马游街、琼林赴宴的风光面孔变得无影无踪，人们记下来的，只是那个叫张继的落榜者的名字和那首脍炙人口的诗篇。

世界上最强的人，往往是最寂寞的人。强者奋斗的路途当中，会不可避免地遇到寂寞，只有寂寞才能让心灵保持一尘不染，那种先天的才华才不会被世俗所吞噬。因此，我们在漫长的人生道路上，应该看淡这与生俱来的寂寞，在漫无边际的永恒之中，寻找那颗属于自己的星星，谱写属于自己的美丽篇章。

寂寞在左，幸福在右

“人生如戏”不是毫无由来的比喻，而是无法否认的现实。滚滚人流之中，我们所见到的一张张或喜或怒或哀或乐的脸，未必是心灵感受的真诚流露。生活的大部分内容都是处在表演之中，用谦虚来表演着对别人的恭维，用热情表演着性格随和，用诗词文章表演着品位的优雅，与人相处的时候，我们刻意地去掩饰着内心的真情实感，久而久之，灵魂就会虚脱，自己真正的思想就会跑得无影无踪。与人共处是一门“取悦”的学问，哪怕是和最知心的朋友在一块，也无法摆脱表演的外衣。因为，我们十分珍惜那份来之不易的友谊和感情，绝不愿意因为一时的任性而带来双方的不愉快，因此不得不怀着善良的愿望，小心翼翼地取悦着对方。在这个时候，能够独处，就会成为十分难得的幸福。

寂寞的时候绝对不是无聊的，寂寞有着本身真实的趣味。独处的时候，生命就会返璞归真，没有丝毫的矫揉造作。一个人独处一室，可以随心所欲，让灵魂得到解放和超脱。从来没有一个人会在只有自己的时候还要乔装打扮，绝不会拿着衣冠楚楚、道貌岸然之类的东西进行自我欺骗，不用再去考虑别人的感受，获得虚假的欢笑，更不会刻意地表演来显示生活的品位。寂寞是属于一个人的，寂寞的时间和空间也是属于一个人的。明智的人不会在寂寞的时候百无聊赖地寻求消遣，而是能满怀喜悦地经营幸福的空间。

有一位建筑设计的专家一生设计出了许多优秀的作品，在建筑界中获得了很高的威望。在过完70岁寿辰之后，他向外面宣布说："我已经老了，没有力气再去做设计工作，过一段时间就退休。"许多建筑商听到这个消息后纷纷登门拜访，高价购买他封笔之前的设计图。

这些封笔之作的设计和他往日的风格大不相同。他想突破传统的楼宇设计形式，力求在住户之间开辟一条自由交流和交往的通道，目的是让邻里之间不再视同路人，能够突破障碍，享受社区大家庭的亲切与温馨。

一位思想前卫的房地产商人十分赞同和支持他的设计理念，花大价钱请他设计，认为一定能够取得平地惊雷、不同凡响的效果。大师的设计出炉之后，房地产商人在宣传上下了很大的功夫，花重金在报纸和电视台上为这一新型设计做广告，希望能够得到人们的关注。可惜，人们不为轰轰烈烈的广告所动，没有人来购买这样的新户型，市场反应非常的冷清，楼盘的交易额创下了该公司有史以来的最低点，整个城市的楼市因为这样的设计风格而处以低迷的状态。这让开发商和设计师感到很惊讶，百思不得其解。

情急之下的房地产商人，让信息部门去做市场调查，寻找其中的原因所在。调查的结果更是让他们感到吃惊。受调查的人们认为，这样的设计给人的感觉是耳目一新的，有着其他建筑所没有的清爽，但是这样一来，随着邻里之间交往的增多，每个人都生活在类似于公共场合的环境之下，个人空间变得越来越小，心情上得不到放松，在外面累了一天回到家里还要继续延续白天的强颜欢笑，家就失去了休息的内涵与意义……

设计师听说之后，心痛不已，原以为功德圆满的收场，没想到却落了个如此狼狈的结局，他退还了所有的设计费用，在秋风瑟瑟中打点行装回老家去了。他对别人感慨说：“我只识图纸不识人，这是我一生中最大的败笔。我们可以拆除隔断空间的砖墙，而谁又能拆除人与人之间坚厚的心墙？”这位设计师到现在也没有明白，人和人之间需要的不仅仅是一团和气的温馨，每个人更需要一片真正属于自己的天地。

寂寞的人，一切都会还原真实，真实是最高贵的高贵，最美丽的美丽。寂寞，是让身心得到休息的最好场所，是灵魂升华的最佳时机。生命中没有了属于自己的空间，人就会变得像一台没有生命的机器。

在寂寞里，把酒吟诗

处在寂寞之中的人们，大多有着灵魂上苦闷和冷清的感觉。在性格上有着多愁善感的细腻，面对夕阳西下，会因为“断肠人在天涯”而寂寞；面对灯红酒绿和车水马龙，会因为“无不散之宴席”而寂寞。在寂寞之中，苦苦地寻找着自己的栖息之地，探索属于自己的真正内心世界，在太阳的阴影中寻找自己的足迹，对眼前的繁华景象因为感到虚无缥缈而极度不适应。古往今来，越是才智超群的人越会感到寂寞，因为高贵的灵魂容不得丝毫的玷污，优雅的品位不愿意因为世俗而屈尊。

面对寂寞，我们要怀着平和及感激的心态来看待。寂寞，是上苍赐给我们的生命空隙。马路上的车辆总要保持一定的距离来保障安全，在生命的历程之中又何尝不是如此呢？我们不妨给自己留一个缓冲的余地，随时地调整自己，清理一下生活的空间，让心灵与生命进行一场推心置腹的交谈，了解自己所真正需要的东西，屏蔽那些不必要的生活和思想垃圾。

苏轼是北宋时期著名的诗人和学者。神宗年间，小人诬陷他的诗歌中有反对变法的内容，被宋神宗贬官到黄州做了团练。从此之后，远离了汴京重地，放逐于江湖之上，他的生活上也陷入了困境。

离开了熟悉的汴京，苏轼来到不毛之地的黄州，此时的他，举目无亲，由于俸禄的减少而带来生存的艰难，加之是戴罪之身而惹来不少人的白眼。换作别人，对巨大的生活落差是无法适应的，肯定会借酒消愁，不思振作，而苏东坡却不改乐观的态度，在寂寞和冷清之中，依然是自得其乐，有滋有味地活着。对于这巨大的变故，只是一句“世间一场大梦，人生几度秋凉”而已，别人的忧谗畏讥，对他来说是多此一举的，一句“谁怕，一蓑烟雨任平生”把所有的忧愁和烦恼都抛掷在了脑后。

无论是在黄州，还是在以后的惠州、儋州，流放的生涯都不能给苏东坡带来心灵上的重创，突如其来的变故，在他的眼里却是稀松平常的。他深受佛家“平常心是道”的启发，过起了真正的农人生活，每天日出而作、日落而息，对于出身富贵的人来说是不堪其苦，而苏东坡却迷恋上了这种淳朴的生活。一个举世闻名的大文豪能够放下身段为做一个田舍翁而快活和满足，这份心性让很多人感到羡慕，他那种乐天知命的人生态度，也值得后世人去学习。

我们都在渴望着美好的生活，而美好的生活并非是物质的充裕、交际的广泛所能决定的。美好源于内心。外界的环境毕竟要通过内在的思想才能发生作用，假如内心之中有一片清静的天地，那么，就没有什么外在的东西能够打扰我们的生活。放下杂念，做到胸襟开阔，不迷恋尘世的热闹繁杂，用心去经营精神的空间，就能发现生活中处处充满了诗情画意。因此，寂寞的环境，并不妨碍我们去构筑“把酒吟诗”的快意。

寂寞不是懦弱的逃避，而是修炼的机会

我们的传统哲学是比较注重慎独的，强调在独自一个人的时候也必须不够放弃追求，克制不好的思想和行动，对放纵和懒惰的思想加以有效的约束。孟子所说的“达则兼济天下，穷则独善其身”正是这个意思。处在寂寞中时，没有了尘世的干扰，但也失去了外力的监督，一个人懒惰的毛病也往往会暴露无遗。原谅别人是比较困难的，但是原谅自己却是很容易，很多有理想、有目标的人都在不断地自我宽恕、自我放纵中走向堕落，一事无成。

很多人把寂寞和无聊当成同义词来看待，其实两者之间还是有着区别的。无聊属于一种心态，感到无聊的人往往会对环境感到厌烦，只有在寻求消遣中才能获得些许的欢乐。而寂寞却属于一种环境状态，是把别人融入自我之中的愿望，它会在安静之中寻求灵魂的升华，寻求别人的理解，但并不以理解为最终目的。寂寞追求的是心灵上的宁静和快乐，而无聊只是追求让肢体不要处于停顿的状态。

罗素在《快乐的征服》一书里说:“人要练习出一种忍受单调生活的能力。即忍受孤独的能力，品味孤独的能力。”伟大人物的生活，除了几段重大的时期外，一生也了无令人兴奋之处。康德一生未曾走出故乡哥尼斯堡十英里之外。达尔文周游世界之后，关在家里度其一生。马克思策划了几次革命之后，以大英博物馆终其余年。大体而论，安静的生活是伟大人物的特征，他们的喜乐也不是外人心目中认为兴奋的那一种。

屈原的一生受到楚王的疏远和朝臣们的排挤，生命中写满了寂寞和孤独，但是，他并没有因为寂寞而放纵自己，写下了很多优秀的诗篇，表达了对楚国人民的热爱之情。他在寂寞中悲悯苍生，诗歌体现了他以天下为己任的胸怀和高远的境界，千百年来，一直得到人们的尊敬。贝多芬的生命历程也是寂寞的，但是他的音乐却有穿透人心的力量。拿破仑英雄一世，但是，在滑铁卢战役之后归于沉寂，没有了东山再起的勇气，他的人生也就不可能再有辉煌。

寂寞并不是直面现实后懦弱地逃避，而是一个闭关修炼的机会。只有在寂寞中练就高尚的道德和提升自我修养，才会从所生活的环境中脱颖而出，达到人生的另一个巅峰。假如因为寂寞而忘记了毕生的追求，那么，生命就会失去应有的色彩。

在寂寞中坚守自己的信仰

寂寞有主动和被动之分，享受一份寂寞的主动性选择，生命之中就不会有缺失的遗憾，更不会因为孤独而百无聊赖地在室内来回走动，看待世界，就会少了一分急躁和幼稚，多了一分淡定和成熟。被动性的寂寞，外在性的东西牵制了内心，面对交际场、名利场想投入进去却无法融入，浮躁的性格又欲罢不能，这样就会觉得自己受到了冷落，别人求之不得的安静环境在他看来却成为失败的象征、耻辱的印记。错误的主观意识感受到了世界的抛弃，心中久久不能释怀，哪怕是在睡梦之中也会突然惊起，把自己搞得神秘兮兮而又痛苦不堪，既错过了美好的人生风光，又给心理带来无限痛苦，这是十分不划算的。寂寞的环境或许是恶劣的，但是，拥有一个好的心态，那么生活就会发生质的改变。

寂寞并不是有些人眼中的凄凉和悲惨，寂寞的环境下，拥有一个充实的内心世界，即使外界的环境多么恶劣和不尽如人意都是无所谓的。纵观古今，成大业的人大多数都是在寂寞的环境中不断地提升自己，放大灵魂，完成理想。一篇篇彪炳千古的奇文也绝不是在喧闹之中得以写成的。寂寞，是一种洗尽铅华后的清新境界，是成就人生梦想必备的条件。心中拥有梦想，处在寂寞的环境里，灵魂就会显示出它的高贵来。

李叔同，原名文涛，字叔同。1880 年 10 月出生于天津，是我国近代著名的艺术家。他不仅精通诗词、金文、书法，而且也是中国最早介绍西洋音乐、绘画和话剧的人。在很多方面做出了开拓性的贡献。

李叔同原来有一个幸福美满的家庭。但是因为常年奔波的原因，家人之间总是聚少离多。1918 年，39 岁的他突然之间披上了袈裟，在杭州虎跑寺出家，遁入佛门。以前视之如生命的艺术文学，他已经不再留恋，家庭对他来说也形成不了羁绊。当时很多人对他的选择感到不解，只有他自己明白为什么要选择与青灯黄卷相伴。

面对李叔同的出家，他的哥哥对此十分反对。他的两个妻子在痛苦之中也是不肯同意他的选择，甚至跑到寺院门口请求李叔同回心转意。然而，已经更名为弘一法师的李叔同却丝毫不为所动，甚至连见一面的机会也不给她们，怕的就是刚刚割断的情缘又会因此而割舍不下。

在青灯古佛的日子里，李叔同能否想得起给了他爱情和温暖的妻子和家庭，已不为世人所知。他选择了让绚烂多彩的艺术人生归于平淡，或许也无法让人理解。但是，他遁入佛门之后真正做到了心如止水，胸中放下了世俗的情爱，精神和心灵属于了佛祖和众生，最终成为一代宗师。

我们讲述李叔同的例子并不是鼓励每个人都和他一样去看破红尘，而是说，寂寞并不是每个人都拒绝的。李叔同可以主动地选择寂寞，我们也可以在被动的寂寞之中选择一个主动的心态，在寂寞之中坚守自己的信仰，让生活不至于太痛苦。

寂寞的时候，不妨让心灵充实一些，充实的心灵通过和灵魂之间的交流和沟通，内心的思想和追求就会达到崇高的境界，也在无形之中提升了审视灵魂的能力。如此一来，就不会因为被世界所抛弃而带来无限的孤独和痛苦了。

不懂得享受寂寞的人生，是不及格的人生

在浩瀚的宇宙面前，人只不过是一个小小的微粒。人的头脑在这小小的微粒当中占有的部分是很小的，对于宇宙来说，十分渺小的头脑却因为能够思考而发出耀眼的光芒，对宇宙起到了改变作用。作为唯一能够思考的人类，我们应该正确地利用头脑的思考，避免让思想走进误区。

对于寂寞，很多人认为是十分没趣的，其实，寂寞的人往往有广泛的兴趣和高雅的情调。寂寞是一个丰富的宝藏，给我们提供着感受生活的资源，寂寞中包含了取之不尽、用之不竭的乐趣和品位，让思想变得纯净，能够真正地为个人的灵魂所服务。寂寞，不是我们恐惧的缺失状态，而是提供修养和创意的源头。乘风归去和羽化登仙的超然绝不会发生在嘈杂的人际交往中，而是发生于寂寞背景下的灵魂升华之后。我们读书追求“衣

带渐宽终不悔”的境界，而达到这种境界的先决条件就是一个安静的环境和寂寞的场所。

在生命的旅程当中，每一个人都是孤独的旅行者，寂寞是经常出现的心境。面对寂寞，我们应该看到它的积极性所在，绝不能被它的表象所吓倒。生命中的任何经历都会有着其必然性，逃避是没有用的。面对社会，我们要独自适应；面对困难，我们要独自克服；面对挫折，我们要独自承受，生活中每一次的升华，都是在寂寞之后才会完成。寂寞会激发我们的心灵，促使我们走向成熟，有了寂寞的陪伴，我们才会不断超越自我。

一个下雨天，陈磊百无聊赖地坐在窗前看风景。电话铃响了，是他的同学李峰。李峰说：“实在是不好意思开口，但是除了你我还真找不到人帮忙。是这样的，我儿子问了我一个问题，‘落红不是无情物，化作春泥更护花’，是谁写的诗，我回答不上来，只好向你求援了，麻烦你帮我查一下好吧？”

陈磊说：“不用查了，这首诗是清代诗人龚自珍《己亥杂诗》里面的，原诗是这样的：‘浩荡离愁白日斜，吟鞭东指即天涯。落红不是无情物，化作春泥更护花。’”李峰在电话那头千恩万谢，叹着气说：“当年咱们上大学的时候，都是学的中文专业，毕业之后我因为不愿意过清闲的日子，就投身商海，结果现在整天疲惫不堪，根本没有时间去看书。太羡慕你了，还是这样的锦心绣口、博闻强识。而我，只有以个文学学士的空帽子，实在是惭愧呀。”

放下电话，陈磊的心中有一股暖流涌来。感受到此刻是多么的幸福和成功。当初大学同学们选择去商海和政坛打拼的时候，只有他选择了考研深造，整日与故纸堆做伴。研究生毕业之后，不少大学同学有了一定的成就，过上了外人看来十分幸福的日子，只有他在一个高校里做着默默无闻的教书匠，拥有大量的空闲时间来阅读唐诗宋词汉文章，虽说清苦点，难免有时候会感到寂寞孤独，但心灵上永远是充实的，能够和文学大师们对话，也就少了一些浮躁和牢骚。当他失意的时候，李白会对他说："仰天大笑出门去，我辈岂是蓬蒿人！"孤独的时候，高适会对他说："莫愁前路无知己，天下谁人不识君？"伤怀的时候，苏轼会对他说："人有悲欢离合，月有阴晴圆缺，此事古难全。"懈怠的时候，王世贞会对他说："百年哪得更百年，今日还须爱今日"……

在快节奏的社会生活中，陈磊能够独享一份寂寞，拥有一种淡泊宁静的心态，实属不可多得。教书的岁月中，他不仅读诗，还研究出了具有学术价值的东西在国内知名刊物上发表，自己写出的诗歌也有着唐风宋韵，获得了许多文学爱好者们的喜爱，在文学的道路上获得了成功。

恐惧和抱怨寂寞的人是平庸的，因为他们过于依赖于外界事物，也就暴露了内心的空虚和精神的匮乏，他们的灵魂也会缺少内涵。没有内涵的人，犹如水中飘荡着的浮萍，随波逐流，毫无主见，渴望从别人那里得到温暖，却忘记了点燃内心的火炉。不懂得享受寂寞的人生，是不及格的人生，是精神上的侏儒。面对寂寞，采取慢慢走、静静欣赏的态度才能完成灵魂质的飞跃。

静守寂寞，等待成功

在生活和工作中，很多人习惯于在滚滚的人流之中寻找成功的方法和途径。习惯了朋友和家人的环绕，耳边充斥着别人的指指点点，嘈杂的喧哗声让你感到疑惑和迷失。你每天的神经都会绷得紧紧的，想停下来喘一口气却感觉根本没有时间，被繁忙的工作、琐碎的小事折磨着，无法表达和倾诉发自内心的声音，愁苦的情绪严重地干扰着你的心情。在这种嘈杂的环境中追寻成功，希望总是渺茫的。不如抛却这种的心态，在成堆的人群中抽出身来，给自己一个独处的机会，沿着自己的思绪去寻找成功的方向。

寂寞并非想象中的那样令人感到恐惧和压抑。寂寞的时候，会有一个安详、平和的心境，能够减轻快节奏生活带来的压力。在繁杂的世界中，你无法听到自己的声音，而独处时却能够让你重新回到生活的原点，充分地认识到自我的存在和价值，不会为别人的想法所干扰，能够心平气和地处理工作和心情。成功的前夜，往往是一段有属于自己的寂寞在做伴。学会享受寂寞的人，能够有一个正面的心态和积极的思维，能够更加成熟和干练地去解决问题。一种不经过干扰的思维衍生出正确的处理事情方式，一定能够把逆境转化为顺境，把问题转化为机遇。

在20世纪80年代的美国，没有人不知道维斯卡亚公司的名字。维斯卡亚公司是著名的机械制造公司，代表着当时重型机械制造业的最高水平。能够在这个公司里工作是每个大学毕业生求之不得的事。

詹姆斯毕业之后向该公司提交了简历，但是遭到了拒绝。当别人兴高采烈地去上班的时候，他只能在一边眼红地看着。但是，詹姆斯并没有死心，为了能够进入维斯卡亚公司，他采用了特殊的方式，以一无所长的面孔来到公司。

摩姆斯来到人事部，告诉人事部经理说，他愿意无条件地为公司提供劳动，不会计较报酬。人事部经理感到很惊讶，但又觉得既然是免费的留下也无妨，就让他去车间清扫废铁屑。这是一份没有任何技术含量却十分劳累的工作。公司的员工很少有人愿意从事这种工作，看到詹姆斯竟然不计报酬地拼命工作，都感觉他非常愚蠢，纷纷对他指指点点、捉弄和嘲笑他。在休息的时候，没有人愿意和他在一起聊天，也不愿意用正眼来看他。詹姆斯对此并不介意，反而更加卖力地工作了。

1990 年的时候，公司的产品出现了质量问题，许多客户退回了订单，维斯卡亚公司受到了巨大的损失。董事会召开紧急会议，商讨解决的办法，但是在股东大会上，会议开了很长时间也没有确定一个可以执行的方案出来。正在人们一筹莫展的时候，詹姆斯闯进了会议室，来到众人面前，详细地分析了事故出现的原因，把自己对产品的改造设计图拿出来，向与会的各位人员一一介绍了自己的观点和看法。人们看到这个终日默默无闻的清洁工竟然能够有如此专业的知识和正确的解决方法，纷纷竖起了大拇指，他们鼓励詹姆斯详细地说出让公司走出困境的方案。最后，经公司董事会举手表决，一致同意聘用詹姆斯为该公司负责生产技术问题的副总经理。

原来，詹姆斯在做清洁工的时候，默默地忍受着别人的白眼，利用清扫时可以到处走动的机会，细心地观察了整个公司各个部门的生产状况，并且做了详细的记录，发现存在的问题，并且思考出了解决的方法。这次董事会上的发言，并不是投机取巧，而是几年的忍辱负重才换回来的结果。

在寂寞的时候，生活就会脱下斑驳沉重的外衣，还原于简单和纯净，没有了喧嚣，心灵上就会回归纯真，就不用为了和别人对话而劳神，寂寞的时候就拥有了独自思考的机会。

让“冷板凳”成为激情的温床

有句对联这样写道:“舞台小世界，世界大舞台。”十分形象概括地描绘了我们的生活。生命的历程，正是由一个个交替上演的悲喜剧组合而成。既然人生如戏，戏总有散场的时候，唱主角和坐冷板凳都是十分正常的事情。演主角自然是风光无限，但一旦坐上了冷板凳，恐怕就要因为经受不住打击而黯然神伤了，一面悲叹时运不济，一面一心想着肯定是别人暗中做了手脚，从而无法做到心平气和。如果一个人的承受能力过于脆弱，那么在人生这出戏之中，很可能就会早早地被踢出局外。自暴自弃，只能让自己受到伤害。

人生的机遇是变化多端的，没有谁能够保证一直大红大紫。能力出众、才华横溢这些优秀的条件也不能保证一辈子顺风顺水。谁都会遇上几次坐冷板凳的情况，面对这种情况，我们应该随遇而安，以平常的心态来对待。如此，可以为疲惫的灵魂寻找一个落脚休息的地方，之后，就会有精力寻找再度放光发热的机会。即使不能一时间取得理想的效果，至少在心情和身体上不会受到丝毫的伤害。假如自怨自艾、自暴自弃的话，不仅得不到别人的尊重，还可能加速心灵的折旧。

冷板凳也好，热板凳也罢，都是生命中休息的落点而已，在本质上并没有太大的不同。欣喜或悲哀的表情，只是不同心情之下的表象而已。当一个人拥有健康心态的时候，寂寞凄冷的遭遇也不会改变乐观的生活观，反之，当一个人的心情总是处在忧虑之中时，那么即使处在万人之上的位置，也会因为害怕失去而变得郁郁寡欢。一个好的心情，是万两黄金也不能换取的财富。否极泰来的情况并不是处处存在的，它只为拥有健康心态的人所准备。

20世纪90年代，26岁的余彭年怀揣着对人生的美好希望，来到香港淘金。出身湖南乡下的他既不会说英语，又听不懂广东话，身在异乡，举目无亲，因此在求职的时候处处碰壁。最后，好不容易找到了一份勤杂工的工作。

扫地扫厕所的工作又脏又累，还会遭到别人的白眼。但是，被生活所迫的余彭年不得不每天坚持去做这份薪水很低又没有什么发展前途的工作。

周六和周日是公司员工们休息的时间。在这一天，勤杂工们也是不用上班的。刚刚来到香港的余彭年很想去欣赏香港的美丽景色，了解一下那里的风土人情。但是，当别的勤杂工们出去逛街游玩的时候，公司里却还有很多敬业者在加班。没有人及时打扫卫生的话，写字楼里就会肮脏不堪。因此，他决定留下来继续干好本职工作。

别的勤杂工看着这个沉默寡言的小伙子在周末也来打扫卫生，都认为他的脑子出了问题，觉得没有必要去为公司拼命。余彭年只是默默地笑笑，一句话都不说，继续坚持着，做起事来十分认真。他的勤奋被老板看到了眼里，对这个甘心坐冷板凳而又尽职尽责的小伙子产生了好感，就把他叫到办公室，亲切地鼓励夸奖了一番。随后，提升他为办公室的一名员工。勤奋的余彭年果然没有辜负老板的器重，通过自己不断的努力，最后坐上了公司总经理的位置。

几年之后，余彭年有了独立创业的资本和经验，就向老板提出辞职。老板愉快地同意了，并且成为他公司里的一名股东。从此之后，余彭年在事业上开始了展翅飞翔，他的生意越做越大，在地产界和酒店行业取得了举世瞩目的成就。他的身价达到了30亿元，创造了一个丑小鸭变天鹅的现实版故事。这些成就，和他当初在冷板凳上兢兢业业的精神是分不开的。

每个人都拥有远大的人生理想，但是生活中难以预料的遭遇可能会使我们处在很低的起点上，面对不如意的状况，我们没有必要去抱怨和痛恨，应怀着一个平常的心态去面对，在冷板凳上安安心心地工作，同时寻找新的机会，获得想要的成功。